U0115858

贛文化通典

——民俗卷　第二冊

目錄

第一章 | 總論

第一節 · 民俗概論　015

一、民俗的產生及其內涵　016

二、民俗的類型和特徵　020

三、民俗的作用和功能　023

第二節 · 民俗學、人類學、歷史學等學科中的民俗　028

一、從民間文學到社會全部習俗：民俗學研究中的民俗　031

二、承載過去的歷史軌跡：歷史學研究中的民俗　033

三、「現在的領域」：人類學研究中的民俗　037

第三節 · 作為非物質文化遺產的民俗　042

一、非物質文化遺產的概念和內容　042

二、作為非物質文化遺產的民俗　044

第四節 · 江西民俗文化發展概述　051

第五節 · 資料來源與寫作框架　055

一、主要資料來源　055

二、主要寫作內容及框架　057

第二章 | 農業生產習俗

第一節 · 農業生產及農耕時令   060

一、農業生產   060

二、農諺與耕作   074

第二節 · 農耕禮儀   114

一、主要農事生產活動習俗   114

二、其他農事活動習俗   135

第三節 · 漁業生產及其習俗   143

一、漁業生產操作習俗   144

二、漁業祭祀與禁忌   160

第四節 · 林業生產及其習俗   164

一、林木資源及分類   164

二、林業生產   166

三、林業砍伐及運輸   178

第五節 · 畜牧業生產及其習俗   188

一、畜牧業生產習俗   188

二、畜牧業習俗與禁忌   195

第三章 | 商業組織與商事習俗

第一節 · 商業、手工業組織   202

一、商幫與行會   202

二、會館、公所   220

三、商會與同業公會 226

第二節 · 商事習俗 231

一、商店取名和開張 231

二、交易與借貸有關習俗 234

三、商業行規與禁忌 310

第四章｜傳統手工技藝與行業習俗

第一節 · 傳統手工行業技藝 334

一、瓷器生產 334

二、茶葉生產 339

三、藥材生產 345

四、紙張生產 354

五、夏布生產 360

六、釀酒 369

七、礦冶 376

八、其他 381

第二節 · 行業習俗 383

一、拜師收徒與行規 383

二、行業神與祭祀 398

三、禁忌習俗 408

第三節 · 非物質文化遺產技藝類 414

一、景德鎮手工製瓷技藝 414

二、景德鎮傳統瓷窯作坊營造技藝   415

三、鉛山連四紙製作技藝   416

四、婺源歙硯製作技藝   418

五、星子金星硯製作技藝   419

六、萬載夏布織造技藝   420

七、萬載花炮製作技藝   424

八、鄱陽脫胎漆器髹飾技藝   425

第五章 | 服飾民俗

第一節‧服制文化與江西服飾民俗   430

第二節‧衣著   434

一、紡織技術的發展   434

二、布料的種類   436

三、衣式   456

第三節‧附加飾物   485

一、頭飾   487

二、耳飾   501

三、頸飾   503

四、腰佩   505

第四節‧修飾與形塑   519

一、修飾身體   519

二、形塑身體   528

第六章｜飲食民俗

第一節‧日常食俗 541

一、主食類 541

二、副食類 557

三、其他 567

第二節‧歲時節日食俗 569

一、春季節日食俗 570

二、夏季節日食俗 583

三、秋季節日食俗 593

四、冬季節日食俗 601

第三節‧宴飲食俗 611

一、飲茶習俗 611

二、飲酒習俗 630

三、酒宴習俗 641

第四節‧特色食俗 647

一、贛菜的特色 648

二、特色飲食 650

第五節‧飲食品製作工藝 681

一、永新縣「和子四珍」 681

二、吉安市薄酥餅 682

三、峽江縣米粉 683

四、萍鄉市花果 683

五、安義縣黃洲宗山米粉　　　　　　　684

六、廣昌縣白蓮　　　　　　　　　　685

七、安福縣火腿　　　　　　　　　　687

八、金溪縣藕絲糖　　　　　　　　　687

九、進賢縣李渡燒酒　　　　　　　　689

第七章 | 建築與居住民俗

第一節・擇地與朝向　　　　　　　　692

一、自然條件因素　　　　　　　　　692

二、風水因素　　　　　　　　　　　693

三、防衛需要　　　　　　　　　　　698

四、宗教信仰因素　　　　　　　　　699

第二節・建築材料　　　　　　　　　701

一、石　　　　　　　　　　　　　　702

二、木　　　　　　　　　　　　　　705

三、磚　　　　　　　　　　　　　　709

四、混合材料　　　　　　　　　　　712

第三節・民居結構和特色元素　　　　716

一、民居結構　　　　　　　　　　　718

二、特色建築元素　　　　　　　　　726

第四節・雕刻裝飾　　　　　　　　　733

一、婺源　　　　　　　　　　　　　733

二、瑤里古鎮　　　　　　　　　　　　　　737

三、千古一村──流坑　　　　　　　　　740

四、驛前鎮　　　　　　　　　　　　　　743

第五節・建築禮儀　　　　　　　　　　　746

一、營建禮制　　　　　　　　　　　　　746

二、傳統聚落規劃　　　　　　　　　　　753

三、擇地和建房　　　　　　　　　　　　755

四、裝修裝飾　　　　　　　　　　　　　758

五、上梁　　　　　　　　　　　　　　　761

六、遷居　　　　　　　　　　　　　　　766

第八章│家庭與宗族民俗

第一節・小家庭與大家庭　　　　　　　　771

一、家庭的構成與繼承　　　　　　　　　772

二、江西歷史上的大家庭　　　　　　　　782

三、分家析產習俗　　　　　　　　　　　797

第二節・宗族的結構與功能　　　　　　　807

一、宗族組織的形成　　　　　　　　　　808

二、祭祖與修譜　　　　　　　　　　　　813

三、宗族互助與自我管理　　　　　　　　821

第三節・宗族組織與基層社會　　　　　　840

一、基層社會的宗族化　　　　　　　　　840

二、宗族組織與基層公共事務　　　　　844

三、宗族間的惡性競爭　　　　　852

四、「亂宗」與「聯宗」　　　　　861

第四節‧宗族組織與地方行政　　　　　868

一、宗族組織的積極作用　　　　　869

二、宗族組織的負面影響　　　　　879

第九章｜歲時節日習俗

第一節‧中國歲時節日習俗的現狀　　　　　896

一、傳統歲時節日　　　　　896

二、現代節日　　　　　897

第二節‧農事生產節令習俗　　　　　900

一、主要農事節令習俗　　　　　900

二、一些農事節令習俗儀式的傳說　　　　　938

第三節‧傳統節日習俗　　　　　942

一、主要傳統節日習俗　　　　　942

二、其他一些傳統節日習俗　　　　　1036

三、一些傳統節日習俗的傳說　　　　　1041

第十章｜人生禮俗

第一節‧從出生到成年　　　　　1049

一、生育禮俗　　　　　1050

二、成年禮 　　　　　　　　　　　　　　1055

第二節・婚嫁禮俗 　　　　　　　　　　1062

一、「六禮」 　　　　　　　　　　　　　　1062

二、「六禮」與江西婚俗 　　　　　　　　1065

三、特殊婚俗 　　　　　　　　　　　　　1090

四、近代婚俗改革 　　　　　　　　　　　1117

第三節・喪葬禮俗 　　　　　　　　　　1129

一、歷代喪葬規制 　　　　　　　　　　　1129

二、《家禮》與江西喪葬禮俗 　　　　　　1133

三、特殊的喪葬民俗 　　　　　　　　　　1139

第十一章│民間信仰

第一節・江西民間信仰探源 　　　　　　1178

一、「信巫事鬼」之俗 　　　　　　　　　1179

二、「瘴癘之地」與「鬼怪叢生」 　　　　1182

三、「山都」、「木客」與早期的族群關係 　1188

四、斬蛟傳說與龍王信仰 　　　　　　　　1194

五、鄱陽湖的水神世界 　　　　　　　　　1202

六、由「化外」而「化內」 　　　　　　　1219

第二節・宗教與江西民間信仰 　　　　　1227

一、佛道神祇與民間信仰 　　　　　　　　1228

二、佛道神職人員、宗教節慶與民間信仰 　1239

第三節 · 民間信仰與民眾生活　　　　　　1251

　一、崇祀活動的幾個層次　　　　　　　　1251

　二、民間信仰與民眾生活　　　　　　　　1269

第四節 · 「祀典」與民間信仰　　　　　　1283

　一、祀典與官方的崇祀活動　　　　　　　1284

　二、「祀典」與民間信仰　　　　　　　　1290

第十二章｜民間藝術

第一節 · 民間工藝美術　　　　　　　　　1311

　一、陶瓷美術　　　　　　　　　　　　　1313

　二、剪紙藝術　　　　　　　　　　　　　1315

　三、古建築美術　　　　　　　　　　　　1321

　四、「贛繡」工藝　　　　　　　　　　　1323

　五、雕塑　　　　　　　　　　　　　　　1325

第二節 · 民間曲藝　　　　　　　　　　　1331

　一、地方戲曲　　　　　　　　　　　　　1332

　二、民間音樂　　　　　　　　　　　　　1374

　三、民間文學　　　　　　　　　　　　　1392

　四、地方曲藝　　　　　　　　　　　　　1411

　五、民間雜技與競技　　　　　　　　　　1430

第三節 · 民間舞蹈　　　　　　　　　　　1452

　一、儺舞　　　　　　　　　　　　　　　1453

二、燈彩舞　　　　　　　　　　　　　　1467

三、盾牌舞　　　　　　　　　　　　　　1502

四、獅舞　　　　　　　　　　　　　　　1504

五、採茶歌舞　　　　　　　　　　　　　1510

六、蘇區歌舞　　　　　　　　　　　　　1511

第十三章 | 結語

附錄　　　　　　　　　　　　　　　　　1518

參考文獻　　　　　　　　　　　　　　　1533

後記　　　　　　　　　　　　　　　　　1579

第四章

傳統手工技藝與行業習俗

　　江西傳統手工技藝歷史悠久，這些手工技藝的發展主要是因地制宜的產物。自然環境、人稠地狹以及江西商品經濟的發展，促進了商品種植業的興起，經濟作物的種植帶動了相關手工業的發展，特別是明清時期，隨著全國尤其是南方經濟的發展，無論是種類、質量還是分布區域、種植面積都得到提升和擴張。明代江西葛、棉、苧麻等種植促進了紡織技術的提升，贛東北煙草種植的擴大也推動了煙草加工業的發展，其他手工業如製茶、釀酒等也因地制宜得到發展。江西豐富的礦產資源帶動了冶鐵技術、採煤技術以及採銅、錫、銀、鉛、金等礦業技術的發展。豐富的瓷土為江西陶瓷業的發展奠定基礎。江西便利的江湖水道，以及宋代以後，漕糧運輸的需要，更是促進了江西造船業的發達，宋以後江西科舉的興盛帶動了刻書業的興旺，也帶動了造紙業的發展。此外，江西傳統手工業者還包括各色「匠人」如理髮匠、木匠、金匠、石匠、窯匠、裁縫等，他們身懷絕技，各具特色。在長期的發展過程中，江西各地區的不同手工行業之間形成了風格各異的行業習俗，不僅從側面反映了各行業的發展面貌，而且成為傳統時期社會文化習俗的重要構成部分。

第一節 ▶ 傳統手工行業技藝

　　江西地區的傳統手工業不斷得到發展，種類逐步增多，製作技術漸趨改進，特別是明清以來，出現了為社會提供大量商品的重要手工業，主要有製瓷業、造紙業、製藥業、礦冶業、鞭炮製作業、刻書業以及棉、麻、煙、米、茶等作物的加工業等。在長期的發展過程中，各種手工業形成了一系列的生產習俗。

一、瓷器生產

　　製瓷業是江西重要的手工業生產部門，其歷史悠久。今上饒市萬年縣仙人洞遺址和九江市修水縣山背文化遺址等都發掘出大量的土石陶器，說明早在新石器時代，該地區就出現了原始的燒陶技藝。[1]

　　進入商、周時期，江西地區的陶瓷業得到進一步發展，今鷹潭市角山遺址、樟樹市吳城遺址和新幹縣大洋洲商墓遺址等發掘出眾多的陶器器皿，表明了這一時期該地區的陶瓷業生產盛況。[2]

　　西漢時期，陶器被廣泛運用於社會生活和生產之中。在今南

---

[1] 江西省博物館：《江西修水山背地區考古調查與試掘》，《考古》1962年第 7 期。

[2] 李家和、楊巨源、黃水根：《鷹潭角山商代窯址試掘簡報》，《南方文物》1987 年第 2 期；江西省博物館、清江縣博物館：《江西清江吳城商代遺址第四次發掘的主要收獲》，《文物》1979 年第 2 期；李玉林、彭適凡：《新幹縣發現西周墓葬出土一批珍貴青銅器》，《江西歷史文物》1978 年第 3 期；等等。

昌市青雲譜區、樟樹市清江鎮考古發掘的漢墓中有陶井、陶倉以及裝有滑輪的梯形井架，井內放置有陶塑的水桶等[3]。東漢以後，瓷器生產開始出現。

魏晉南北朝時期，江西陶瓷業發展較快，青瓷器已普遍燒製使用，並進入百姓家庭生活的各個方面。[4]唐代江西的窯址很多，反映出陶瓷生產的發展和旺盛局面。其中尤以饒州浮梁瓷器發展較好，成為朝廷貢品。唐憲宗元和八年（813），饒州刺史元某挑選瓷器上貢朝廷，柳宗元代他寫了《進瓷器狀》，描述了當時進貢朝廷的瓷器情況：

> 瓷器若干事，右件瓷器等。並藝精埏埴，制合規模。稟至德之陶蒸，自無苦窳；合大和以融結，克寶堅貞。且無瓦釜之鳴，是稱土鉶之德。器慚瑚璉，貢異砮丹。既尚質而為先，亦當無而有用。謹遣某官某乙隨狀封進。謹奏。[5]

宋代是中國瓷業生產發展的一個高峰階段，江西製瓷業的發展體現在以瓷都景德鎮為首的一批瓷窯走上歷史舞台，瓷窯主要分布在饒州浮梁景德鎮、吉州廬陵永和、饒州樂平、撫州南豐、

3　紅中：《江西南昌青雲譜漢墓》，《考古》1960 年第 10 期；黃頤壽：《江西清江武陵東漢墓》，《考古》1976 年第 5 期。

4　程應林：《江西瑞昌馬頭西晉墓》，《考古》1974 年第 1 期；劉禮純：《江西瑞昌朱湖古墓群發掘簡報》，《南方文物》2003 年第 3 期。

5　（唐）柳宗元：《柳河東集》卷三九《奏狀‧代人進瓷器狀》，上海古籍出版社 2008 年版。

贛州寧都及江州等地。吉州的舒公窯是吉州窯的典型代表,「幾與哥窯等價」[6]。而以景德鎮瓷業尤負盛名。因唐武德四年,曾有人獻假玉器,於是,宋景德年在此置鎮,派遣官員監督製瓷,以保證官府之需之品量。

> 按《江西通志》載:新平治陶(新平係漢代故名,景德鎮在漢朝稱昌南鎮,又名新平,至宋時始改稱景德鎮),始於漢世。陳至德元年,大建宮殿於建康,詔新平以陶礎貢,巧而弗堅,再製,不堪用,乃止。唐武德四年,里人陶玉獻假玉器,由是置務。宋景德中置鎮,始遣官製瓷貢京師,應宮府之需。[7]

> 吾國夙有瓷國之稱,而本省景德鎮瓷業尤負盛名。肇造於漢,至唐出品已有可顧。其後歷宋元明,各代均設有專官董造,以進御用。由是技術益精,經營漸盛。清乾隆時內務府員外郎唐英督造御窯廠,鳩工痒力,研精抉巧。上仿古瓷之樸茂,遠征洋彩之豔麗。可謂集天下瓷器之大成。因之寰宇,稱譽中外。[8]

6　(清)朱炎:《陶說》卷二《說古・古窯考》,杜斌校注,山東畫報出版社 2010 年版。

7　吳宗慈編:《江西通志稿》第 19 冊,《略二・經濟略一・工業》,《壹,瓷器》子《景德鎮之瓷業・(一)歷代之江西陶政述概》。

8　吳宗慈編:《江西通志稿》第 19 冊,《略二・經濟略一・工業》,《壹,瓷器》。

明代以後，景德鎮成為全國製瓷業中心，時人謝肇淛在《五雜俎》中記載說：

> 今龍泉窯，世不復重，唯饒州景德鎮所造遍行天下……景德鎮所造，常有窯變云，不依造式，忽為變成，或現魚形，或浮果影。傳聞初開窯時，必用童男女各一人，活取其血祭之，故精氣所結，凝為怪耳。近來禁不用人祭，故無復窯變。一云恐禁中得知，不時宣索，人多碎之。[9]

「陶有窯，有戶，有工，有彩工，有作，有家，有花式，凡皆數十行人。」龔鉽：《景德鎮陶歌》，彭澤益：《中國近代手工業史資料》第一卷，中華書局 1962 年版，第 268 頁。僅坯作就有 18 種，包括官古器作、上古器作、中古器作、沕古器作、小古器作、常古器作、粗器作、冒器作、子法器作、脫胎器作、大琢器作、洋器作、雕鑲作、定單器作、仿古作、填白器作、碎器作、紫金器作。每一種坯作又有練泥、配釉、乳料、修模、拉坯、繪畫、施釉、利坯、挖足等工序，而瓷器的花式更是多達三十種。[10]

此外，燒窯技術也有進步。因為對窯火有更為深刻的認識，

9　（明）謝肇淛：《五雜俎》卷十二《物部四》，上海書店出版社 2001 年版，第 245-246 頁。

10　（清）藍浦、鄭廷桂：《景德鎮陶錄》卷三《陶務條目》，歐陽琛、周秋生校，江西人民出版社 1996 年版。

能夠做到較好地掌握火候,「其窯火有前、中、後之分,前火烈,中火緩,後火微」[11];「火以十二時辰為足」[12]。同時,已經能夠較好地掌握「窯變」技術。總之,從陶練泥土、施釉,到繪彩、燒窯,都形成了一套較為成熟的生產工序和方法,生產出青花、釉裡紅、琺瑯彩等名瓷,譽滿天下。

　　鎮距城二十里,而俗與鄉邑異。列肆受塵,延袤十數裡,煙火近十萬家。窯戶與鋪戶,當十之七八,土著十之二三。其民少本業,趨末作陶器,收四方之利。居奇與庸作,日有所得,視之輕食,貨之所需,滿於市,求之便,其不為侈靡者鮮矣。[13]

民國時人吳宗慈在《江西通志稿》中詳細地描述了景德鎮瓷器製作方法:

　　製瓷方法頗稱繁複,普通言之,初為配合各種瓷土,以備製坯之用;次為做坯,即用陶車及手工將瓷土製成瓷器雛形;三為印坯,即將已造之坯用模型整正之;四為修坯,即將印過之坯用刀片刮削平整;五為補水,即以濕筆修補坯面

11　(清)唐英:《陶事圖說》,光緒《江西通志》卷九三《陶政》。
12　(明)宋應星:《天工開物》卷中《陶埏》。
13　道光《浮梁縣志》卷二《風俗》。

之孔；六為剝合坯，即上釉之謂；七為剐坯，即刮削碗皿等
底部之泥，使之整齊；末為整坯，即將已製作完成之坯分別
裝入匣缽，以備入窯燒鍛，至是製瓷工作始告完畢。

　　施釉有白釉及顏色釉兩種，上等白釉為釉果與花乳石及
微量之釉灰配合而成，次為釉果釉灰配合而成，再次為陳灣
釉灰等原料配合之。顏色釉有醉紅、均紅、寒青、豆青、冬
青、斑翠、鱔魚黃、美人醉、紫金、烏金等類；彩飾有粉
彩、洋彩兩種，粉彩又名石彩，經燒爐後歷久不滅，現仍盛
行之；洋彩系由外國傳入，中下等瓷器多用之，唯不能經
久，容易脫蝕。[14]

二、茶葉生產

　　江西產茶歷史悠久。二十世紀六〇年代南昌市考古發掘的東
漢墓遺址中出土了一批青瓷四繫罐、陶爐、青瓷缽等茶具[15]，證
明那時飲茶及作為祭品業已流行。漢、魏六朝時期，江西茶葉及
茶區均有發展，自南至北皆有茶飲。南昌、九江、修水、吉安、
宜春、贛州、浮梁、上饒、清江等縣市均產茶。[16]

　　到唐代，江西已是全國八大茶區之一。據史料記載，唐代江

---

14 吳宗慈編：《江西通志稿》第 19 冊，《略二‧經濟略一‧工業》，
《壹，瓷器》子《景德鎮之瓷業‧（六）製瓷方法》。

15 紅中：《江西南昌青雲譜漢墓》，《考古》1960 年第 10 期；陳柏泉：
《南昌東郊發現一座東漢墓》，《南方文物》1965 年第 1 期。

16 黃積安：《江西茶葉歷史與現狀》，《蠶桑茶葉通訊》1998 年第 4 期。

西八州中即有袁州、吉州、饒州、江州、撫州、洪州、虔州等七州產茶[17]。《新唐書‧地理志》記載「饒州為貢茶產地」[18];時人李肇在《唐國史補》書中記載洪州西山(今南昌市新建縣)出產的白露茶為全國名茶[19];「茶聖」陸羽曾在今上饒城北廣教寺(後名茶山寺)居住、種茶,在餘干縣冠山上用龍泉池的水煮茶,其《茶經‧八之出》中記載:「江南生鄂州、信州、吉州」[20];著名詩人白居易在廬山香廬峰下結草堂居住時,曾親闢茶園種茶,留有「架岩結茅宇,破壑開茶園」、「藥圃茶園為產業,野藤林鶴是交遊」等詩句,表明這一帶種茶已是一種風氣。

元明清時期,江西依然是全國主要的產茶區之一,省內種植茶樹更為普遍,產量之高在全國仍屬前列,江西茶稅仍是全國茶稅主要的組成部分。據史料記載,元至元二年(1333),江西茶運司歲辦茶引一〇〇萬張,總數達九〇〇〇萬餘斤;而茶民每年零斤採賣數也高達五六〇餘萬公斤。[21]

明清以來,隨著製茶技術的不斷改進,江西地區生產的茶葉

17　王洪軍:《唐代的茶葉生產——唐代茶業史研究之一》,《齊魯學刊》1987 年第 6 期;方健:《唐代茶產地和產量考》,《中國社會經濟史研究》1993 年第 2 期。

18　(宋)宋祁、歐陽修等撰:《新唐書》卷四一《地理志》,中華書局1975 年版。

19　(唐)李肇:《唐國史補》卷下,《文淵閣四庫全書》第 1035 冊,台灣商務印書館 1986 年影印本。

20　(唐)陸羽:《茶經‧八之出》,中國紡織出版社 2006 年版。

21　黃積安:《近百餘年江西的茶葉(1886-1990 年)》,《農業考古》1995 年第 4 期。

種類很多，主要有紅茶和綠茶兩種，至清末民國時期，形成了婺綠、浮紅、寧紅、饒綠四大品種茶葉。依據茶葉產地及種類的不同，江西的產茶地域可以大致分為寧州、浮梁、贛東、婺源和贛南等五區。

寧州區主要包括贛西北的修水、武寧、銅鼓、宜豐等縣，因修水、武寧、銅鼓三縣在清代稱寧州而得名。其所產茶葉為紅茶，統稱為「寧紅」，運銷海外，所以寧州區也稱為「寧紅區」。[22]

（修水）清末民國初修水茶事盛時，每至清明前後，中外茶商紛至沓來。縣城西擺街，漫江杜家莊以及山口、赤江、征村、黃田、高沙等村鎮都有茶莊。茶農將自製的毛茶送到就近茶莊出售，換取錢米以度春荒，故有「種茶如種田，每年三月進大錢」之俗諺。[23]

浮梁區主要包括贛東北的浮梁縣（今景德鎮市）、樂平、彭澤等縣，區內所產的茶葉製成紅茶，統稱為「浮紅」，所以浮梁區又稱為「浮紅區」。

贛東區主要包括上饒、廣豐、玉山、鉛山、弋陽、橫峰等

---

22 （作者不詳）《茶葉產銷》（第一版），南京行政院新聞局印行，民國三十六年（1947）十一月。

23 《修水縣志》卷三十四《風俗習慣》第一章《生產習俗》第四節，其他生產習俗，深圳海天出版社1991年版。

縣。其中上饒、廣豐、鉛山、弋陽等縣茶葉大部分集中在鉛山縣河口鎮製成紅茶，所以稱「河紅」，因此此區又可稱為「河紅區」。玉山所產的茶葉則在玉山縣製成綠茶，所以稱為「玉綠」。

河口鎮是江西大規模製茶手工作坊的發源地。明清以來，一直為浙、贛、閩、鄂等省百貨集散地，尤以茶、紙為甚。商賈雲集，人口不下十萬，棧店近二千，沿河十多個碼頭，貨船多達二千餘艘，號稱八省碼頭，榮稱「商埠之冠」。

婺源區主要包括祁門、休寧、婺源、德興等縣，是中國著名的良好產茶地帶。區內祁門、休寧縣屬於安徽省轄，為中國著名的紅茶產區之一，有「天下紅茶數祁門」的美譽。

贛南區主要包括遂川、大庾、信豐、崇義、興國、贛縣、尋烏、安遠等縣。區內的茶葉以遂川的玉山茶最有名，玉山茶又名狗牯腦茶，一九一五年在舊金山舉行的巴拿馬太平洋國際博覽會上獲得金質獎章與獎狀。

此外，萬安、泰和、永新、寧岡、吉安、吉水、峽江、清江、分宜、宜春、萍鄉、蓮花、安福、永豐、黎川、臨川、崇仁、九江、湖口、星子、德安、鄱陽、進賢、貴溪等縣也都是產茶之區，都以綠茶為主。[24]總之，江西產茶區域達到五十餘縣，是中國主要的茶葉生產和製作區域之一。

江西茶農經過精心研究製出的「河紅」、「婺綠」、「寧紅」等名茶，使江西茶成為國內外市場上的搶手貨。如「寧紅」製成

24 　（作者不詳）《茶葉產銷》（第一版），民國三十六年（1947）十一月。

後曾風靡英國,「它在倫敦市場上,一般均售得極高的價格,運至英國後,銷路甚佳,並且馬上成為一種頭等的紅茶。此後銷量年年不斷增加,同時中國茶商也經常源源供應」。[25]

江西茶葉製作方法可分為兩種:一是手工製法,二是機械製法。在手工製法中,紅茶、綠茶和磚茶的製法又各有差異。

> 茶莊的茶葉加工由手工操作,茶工由包頭臨時雇傭。臨時工須自帶行李進莊,白天在工場勞動,夜晚在場地攤鋪。多數亦工亦農。沒有技術的人,只能到後堂打篩子,由「大老管」指揮勞動。技術高的人,被尊為「寧州師傅」,茶商爭相雇傭。[26]

紅茶的製作程序是:在採摘鮮葉後,用竹席或竹簟裝著放於陽光下曬,使全部鮮葉乾濕均調,直到葉色轉暗綠,稱為「晾青」。晾青後,鮮葉水分蒸發不少,再用手搓揉,或放在桶內用腳踩,使葉卷曲,汁液外潤後,再讓太陽暴曬。五分鐘後,放到木桶或竹籠內,用布覆蓋,放到太陽下,讓其發酵。

茶葉經過這個手續之後,就稱為毛茶。毛茶由茶戶單獨製作,成後售與茶莊。茶莊施行烘焙,名曰「打毛火」,反覆幾

25 江西省社會科學院歷史研究所編:《江西近代貿易史資料》,江西人民出版社 1988 年版,第 176 頁。

26 《修水縣志》卷三十四《風俗習慣》第一章《生產習俗》第四節,其他生產習俗。

次，直至茶葉乾時取出篩分。篩分層次分七部，手續繁雜。[27]

　　綠茶的普通製法是將鮮葉放在鍋中，以手炒動至葉質柔軟時，取出搓揉，但不流汁，再曬於陽光中就完成了。

　　　　（修水）民間製茶，習慣以男人腳踩踏揉搓。[28]

　　磚茶的製作程序是：將茶葉蒸熱倒入模型中，用力壓約二小時後，在空氣流通的屋內風乾，然後加以包裝即成。紅、綠磚茶分別是用紅茶葉和綠茶葉製成的，而小京磚茶則完全是用花香製作，不用蒸熱就在模具中壓榨而成。[29]

　　機械製法是在近代以後才出現的，當時主要有修水寧茶振植有限公司及九江俄商機製磚茶廠。磚茶廠停辦較早，沒有調查資料流傳，現無從考證。寧茶振植公司後改為茶業改良場，從事新法製茶的實驗，其所仿製的改良紅茶，色味可與印錫茶相匹敵，成績樂觀。[30]

　　另外，茶葉採摘的季節性要求非常高，不同時節採摘的茶葉

27　《江西省政府經濟委員會業刊》第四種《江西之茶》，南昌新記合群印刷公司，民國二十三年（1934 年）八月。

28　《修水縣志》卷三十四《風俗習慣》第一章《生產習俗》第四節，其他生產習俗，深圳海天出版社 1991 年版。

29　《江西省政府經濟委員會業刊》第四種《江西之茶》，民國二十三年（1934）八月。

30　《江西省政府經濟委員會業刊》第四種《江西之茶》，民國二十三年（1934）八月。

對其質量好壞有著重要影響。但由於茶區之間氣候條件殊別，江西各地採摘時間也往往因地制宜，存在差異，茲舉數例如下：

（鄱陽）穀雨前，環村婦女採取茶苗，穀雨後，攜籃復採。[31]

（資溪）摘茶以四月為頭春，五月為二春，八月為三春，時候不一，而多寡亦殊。[32]

凌露而採，出膏者光，含膏者皺；宿製者黑，日成者黃；早取為茶，晚取為茗；紫者上，綠者次。（上饒）三月清明前採筍為上春，清明後採芽為二春，四月以後採葉則不入[33]

（修水）茶葉在春夏秋各採一次，俗有「春茶甜，夏茶苦，秋茶勝過酒」之說。但秋茶產量低，有的茶農不採摘，任其生發以求春茶豐產。故又有「三茶好吃有人摘」之說。[34]

三、藥材生產

江西地區的藥材生產主要以樟樹地最為典型。樟樹藥材生產

31　同治《鄱陽縣志》卷二《輿地志二·風俗》。
32　同治《瀘溪縣志》卷二《風俗志》。
33　雍正《江西通志》卷二十七《土產·廣信府》，雍正十年刻本。
34　《修水縣志》卷三十四《風俗習慣》第一章《生產習俗》第四節，其他生產習俗，深圳海天出版社 1991 年版。

源遠流長，是名聞海內外的「國藥之都」。據方志文獻記載，早在東漢建安七年（202），被後世道學家尊崇為「太極仙翁」的葛玄，就在位於樟樹東南的閣皂山煉丹、採藥行醫，入山從學者甚多，開啟了當地認藥、採藥、製藥的風氣。而且由於當地（舊稱淦陽）地勢低窪，常有洪水為患，瘟疫流行，於是道徒、藥農採製成藥後懸壺就診、擺攤出賣，成為樟樹醫藥業之發端。閣皂山亦被譽為樟樹藥業發源地，葛玄則被尊稱為當地藥業鼻祖。[35]

> 漢建安中，有羽人葛玄者遊閣皂山，當於東峰作臥雲庵修煉……（東）吳嘉禾二年（233）復往閣皂福地，於東峰之側建庵曰臥雲，築壇立灶居其中，謝絕人事，修煉九轉金丹。[36]

漢代以後，樟樹的藥材生產和貿易逐步發展。在三國時期，樟樹號稱「藥攤」，至唐代，來閣皂山學道、學醫者高峰時達五百人之多，出現了專門的藥材交易墟市，稱為「藥墟」、「藥圩」。

唐宋時期，樟樹藥業進一步發展，藥材市場更為活躍，成為聚集藥材的「藥市」。紹興二十四年（1124），醫學名家徐夢莘

---

35 劉強：《樟樹藥交會與藥材市場》，南昌大學歷史系碩士學位論文，2007年，第 5 頁。

36 道光《清江縣志》卷十六《方伎》，道光四年刊本。

（1123-1205）設店施診、賣藥，並著《集醫錄》，是樟樹藥史上早期的醫藥家之一。宋元之際，樟樹的藥材加工貿易在東南地區已漸有影響，侯逢丙（1216-1290）是當時樟樹最重要的製藥名家，在當地開設了「侯逢丙藥店」，總結炮製技術，分為修治、水製、火製、水火合製四個方面，為後世所師承。經他所炮製的藥材暢銷各地，成為「藥不過樟樹不靈」的先導。元人吳澄《草廬集》記錄了製藥專家侯逢丙的事跡，

> 侯逢丙，字唐卿，其先籍開封，徙家廬陵，再遷清江……宋亡，絕意仕進，隱於樟樹鎮製藥，以惠遠邇，其所分濟，遍滿東南。[37]

明代時期，隨著國內經濟、文化、工商業和國外貿易的發展，樟樹藥業空前興盛，專業市鎮趨於定型。宣德四年（1429），樟樹鎮被列入全國三十三個重要稅課城鎮之一。明中後期，樟樹藥業更是發展迅速，粵、川、楚等地藥材經過長江、珠江水系運往樟樹鎮，再轉銷於南北各地，「自粵蜀來者，集於樟鎮，遂有藥碼頭之號」[38]。而該地所產的地道藥材枳殼、山桅子等也風行省外，樟樹藥材加工貿易有了長足進步，「樟鎮之名

---

37 同治《清江縣志》卷八《文苑引述》。
38 崇禎《清江縣志》卷三《土產》，順治二年刊本。

遂起」[39]，成為以藥材加工貿易為主的專業工商市鎮和南方藥材集散中心。

> 樟樹鎮在豐城、清江之間，煙火數萬家，江廣百貨往來，與南北藥材所聚，足稱雄鎮。[40]

明末清初，樟樹幾經戰亂，城市蕭條，藥業一度消停。鎮人多持空囊而奔走四方，「或棄妻子，徒步數千里，甚有家於外者，粵、吳、滇、黔無不至焉」[41]。

清康熙朝以後，隨著政局的穩定，以往奔往外地的本地藥人也紛紛回鄉，並帶回一些當地的道地藥材，促進了樟樹鎮藥材生產的恢復和發展。至清中後期樟樹藥業出現了繁榮局面，「為川廣南北藥物所總匯」[42]，形成了大規模藥材加工集散場所，其中三皇宮是樟樹藥業的中心，出現了「三品根草萃九州，此間百藥任相求」的景象[43]，於是逐漸流傳起「藥不到樟樹不齊，藥不過樟樹不靈」的時諺。從事藥材加工貿易，成為樟樹地區及鄰近各

39　隆慶《臨江府志》卷三《樟鎮關橋記》。

40　（明）王士性：《廣志繹》卷四《江南諸省》，呂景琳點校，第 85 頁。

41　龔千鋒、祝婧、周道根：《樟樹藥幫的歷史與特色》，《江西中醫學院學報》2007 年第 4 期。

42　乾隆《清江縣志》卷四《鎮市》。

43　（清）錢時雍：《寄圃詩稿》卷一，嘉慶十四年清江錢氏刊本。

縣人的主要職業之一,「吃藥飯」的俗語廣為流行。當地眾多族
譜中都有關於族人在樟樹或在外地經營藥業的記載。[44]

清代樟樹藥業發展水平超過了明代,成為江西四大工商市鎮
之一,這種繁榮局面持續到道光初年[45]。清末「江省各處市鎮,
除景德鎮外,以該縣所屬之樟樹鎮為最盛……其貿易品以藥材為
多,歲額數十萬元」[46]。在五口通商時期,樟樹「商業十減八
九」[47]的情況下,其藥材年成交額尚有數十萬元,其在繁盛時的
成交額可想而知。作為南方藥材加工貿易的專業市鎮,清代樟樹
鎮區得到進一步發展,乾隆時街巷有二十六條之多[48],並繼續發
展,道光初年出現了「廛舍益增,人文愈盛,雖通都大邑無以復
過」的局面[49]。

在長期的實踐中,樟樹藥人不斷改進經營管理方法,創造了
行、號、店、莊的獨特經營方式。樟樹鎮舊有「四十八家藥材
行,還有三家賣硫磺」[50]的謠諺,其中可考的著名藥材行有創建
於康熙年間的大源行、乾隆年間的福太行、鄔仁德的草藥行、正

44 蕭放:《明清時代樟樹藥業發展初探》,《中國社會經濟史》1990 年
　　　第 1 期。
45 道光《清江縣志》卷三《鎮市》,道光四年刊本。
46 傅春官輯:《江西農工商礦紀略》第五冊,《清江縣·商務》,光緒
　　　三十四年石印本。
47 光緒《江西農工商紀略》,《清江縣商務》。
48 乾隆《清江縣志》卷四《鎮市》。
49 道光《清江縣志》卷三《鎮市》。
50 《清江縣志》第十一編《藥都藥業》第二章《藥材經營》第三節,
　　　主要行號,上海古籍出版社 1989 年版。

興茯苓行、慶隆行、德春行、金義生行等[51]。藥行資金不需太多，一般有店員六到二十人，主要代四方的藥商購銷和存運，從中抽取傭金，生意較為穩定。有的藥材行世代經營達幾百年之久，如上述的大源行、慶隆行、福泰行、金義生行等直到民國後期仍在開業。

藥號從藥行發展而來，有特定的業務範圍和經營的路子，其特點是「深購遠銷，自行販運，零躉批發」。藥號在清後期較為活躍主動，其規模超過了藥材行，著名的藥號有乾元隆、金泰隆、茂記、德記、長記、阜興、慶仁等，其中茂記清初開於常德，後遷樟樹，經營藥材批發業務，從業人員達到六、七十人之多，年批發金額達五十萬銀元。[52]藥店也叫咀片店，其特點是「前堂賣藥，後堂加工」，名氣大的有長春、黃慶仁、信豐、濟生堂等二十餘家；藥莊是樟樹藥店的派出機構或外地藥商駐樟樹的派出機構，任務是採購、銷售，兼向本店通報行情藥價。

樟樹鎮採製藥歷史悠久，在長期的歷史發展過程中，當地藥商逐漸形成了一套完整的藥材生產、經營、鑑別、炮製體系，在中藥材加工炮製和鑑別方面形成了自己獨有的技術特色。藥業人員從拜師學徒起就嚴格遵循著「遵肘後，辨道地，凡炮炙，依古

51　鄧富民、余壽祥、張海云編：《樟樹中藥傳統炮製法》，江西人民出版社 1983 年 10 月版，第 2 頁。

52　《清江縣志》第十一編《藥都藥業》第二章《藥材經營》第三節，主要行號，上海古籍出版社 1989 年版。

法，調丸教，不省料，製雖繁，不惜工」[53]等一套格言，所以能夠保證藥材質量，充分發揮藥物的療效。

在藥材生產方面，歷來重視培育和引種優良品種的藥材，如枳殼、陳皮、吳茱萸等藥材馳名於全國。特別是枳殼藥材，歷史悠久，其林木自宋代就已在今豐城至新幹一帶贛江沿岸廣為栽培，時人范成大《清江道中橘園甚夥》詩云：「芳林不斷清江曲，倒影入江江水綠。未論萬戶比封君，瓦屋人家衣食足。暑風泛花蘭芷香，秋日籬落明青黃。客舟來遲佳景盡，但見碧樹愁春霜。」[54]如今當地產的枳殼、陳皮依然是國內外市場上公認的優質藥材。

在藥材鑑別和保管方面，創立了一套藥物分類方法，把藥材歸納為：蔘、術、芩、草；歸、芎、芍、地；皮、殼、子、仁；芪、附、薑、桂；花、藤、枝、葉；根、毛、蒂、仲；母、香、枸、砂；石、丸、黃、胡；活、山、下、衣；骨、角、甲、絡；茶、粉、藥、麻；珠、寶、豆、果；金、星、烏、漆；楂、連、膝、冬；冰、珀、蚧、酥；朴、筋、智、斷；茸、耳、洋、雜等類。[55]這套藥物分類方法直至目前還在江西各藥材公司所沿用。

樟樹中藥的炮製技術，不論炒、浸、泡、炙或烘、曬、切、

---

53 《樟樹中藥報》1986 年第 3 期。

54 （宋）范成大：《驂鸞錄》，《范成大筆記六種》，孔凡禮點校，中華書局 2002 年版，第 49 頁。

55 樟樹鎮老藥工座談會記錄，1973 年 12 月。轉引自范崔生《「藥不過樟樹不齊」和「藥不過樟樹不靈」──中國古代藥都樟樹鎮發展史的調查報告》，《江西中醫藥》1982 年第 2 期。

藏等均十分講究,炮製技藝在不斷總結完善的過程中,創造了一套自己獨特的傳統加工炮製工具,主要有鍘刀、片刀、刮刀、鐵錨、碾槽、沖缽、蟹鉗、鹿茸加工壺、壓板和硫磺藥櫃等,其中片刀更是被稱為「樟刀」。飲片工藝獨具風格,有「白芍飛上天,木通不見邊,陳皮一條線,半夏魚鱗片,肉桂薄肚片,黃柏骨牌片,甘草柳葉片,桂枝瓜子片,枳殼鳳眼片,川芎蝴蝶雙飛片,檳榔切一〇八片,一粒馬錢子切二〇六片(腰子片)」的說法。**56**

炮製方法也獨具特色、極為考究,如在酒炒藥方法上,採用糯米酒炒藥,與其他各地多用黃酒或白酒炮製不同;在水製方法上,宋以前多用水漂法去毒,後發展用水火合製如甘草、皂角與草烏同浸漂,蒸煮後可達到緩解毒性;在火炒方面,分為清炒和拌炒兩種,其中清炒又有炒黃、炒焦、炒炭;拌炒按輔料不同,有鼓炒、灶心土炒、米炒、酒炒、醋炒、鹽水炒、人乳炒、海蛤粉炒、童便炒等,統稱火製。**57**

樟樹藥業先後研製出一批名牌藥品,如清乾隆時期,保和堂研製的螺殼眼藥,被譽為「江南目藥」;清末,黃慶仁的參茸黑錫丸等都享有盛名。**58**。在中藥的揀選保管、質量鑑別方面,樟

56　龔千鋒、祝婧、周道根:《樟樹藥幫的歷史與特色》,《江西中醫學院學報》2007 年第 4 期。

57　盧文清:《江南藥都──樟樹》,《中國中藥雜志》1989 年第 2 期。

58　邱國珍編著:《樟樹藥俗》,江西高校出版社 1996 年版,第 57、93頁。

樹藥業亦有專精之處，許多從業人員技術熟練，只要手持藥材，就能分清來路，辨別真偽，判斷質量優劣。乾隆時人陳文瑞在其竹枝詞中記錄了這一事實：「備嘗草木辨酸鹹，樟樹街頭放藥鏟。」[59]

　　為了保證其在全國藥材加工貿易行業競爭中的有利地位，樟樹藥幫技術傳承實行嚴格的「技不外傳」原則，規定所招收的學徒必須是樟樹本地人，即使是在異鄉經營也是如此，此外娶親也須本籍人，以防止技術外流。學徒須有二名薦主立字為憑，為學徒的經營業務負責。當地人進入藥行業做學徒主要是利用本家或親戚關係選擇學藝，從十幾歲就開始學習，每日白天在作坊跟師學技，晚上則自讀藥書，期限一般為三年。期滿後，對中藥的基本理論，以及炮、鍘、炒、炙等加工炮製技術基本可以掌握；滿師後，貧苦人子弟可到當地藥店（行）作店員，富裕子弟則也可自己獨立開業。此外，樟樹藥業技術傳承中還有一個特俗，即藥行老板的後代不在本行號學習製藥技術與經營之道，而是去其他行號學習，這不僅可以讓他們能學到真實本領，又可加強藥幫內部的聯繫，增強藥幫之間的凝聚力。樟樹藥商在外地的藥業活動中互相幫助，聚族經營，表現出很強的鄉族意識。如藥材商人聶錫昌經商湘潭，「子侄中不能自立者，必為籌措資本，指示經營，藉以溫飽者甚眾」[60]。

59　（清）陳文瑞：《瘦松柏齋初集》，道光三年刻本。
60　（清）楊錫紱：《四知堂文集》卷二六《墓志銘》。

樟樹藥業人員長期從事藥材加工貿易，深諳藥性，熟悉中藥治病的配方。因此，他們中間有相當一部分人醫藥兼行，藥店既賣藥又看病，利用醫術推銷藥材，湧現出一批醫藥名家，並且撰寫出一批有價值的醫藥專著，大大提高了當地藥業在中國醫藥界的地位。從家譜和方志中常常可以見到某人「術效岐軒」、「蹤追扁鵲」經商某地的生動而具體的記載。如光緒《清江香田聶氏族譜》中記載聶乾生從事醫藥業的情況：

> 凡《內經》、《金匱》、《傷寒論》諸大家醫書，皆窮竟微眇而獨有心得，遂設肆於瑞州之英岡嶺，居久之，竟以醫名，遠近人士耳其名，無貴富賤貧有病皆欲延致君，君出其技，投無不效，故賈英岡嶺數十年，土之人莫不稱之曰聶先生云。[61]

道地的藥材，有效的炮製技術，加上精良的醫術輔助，樟樹藥業從而獲得了穩固的發展基礎，數百年長盛不衰，直到今天樟樹仍擁有「藥都」的稱號。

四、紙張生產

江西地區造紙歷史悠久，至唐代時期造紙技術已較為發達，在全國處於領先地位，吉州（今吉安）生產的陟釐紙、信州（今

61　光緒《清江香田聶氏族譜》上卷《序》。

上饒）生產的藤紙，在唐開元、元和年間都是朝廷的貢品。此外，臨川生產的滑薄紙也是全國名品紙之一。[62]

宋元時期，造紙業出現新的成就，吉州（吉安）、撫州、信州（上饒）、筠州（高安）等地的產品尤為出名，如吉安的「竹紙」、撫州的「茶杉紙」、「牛舌紙」和金溪的「清江紙」等。其中牛舌紙以稻草為原料，產地為崇仁、宜黃等縣。南宋初，洪州上供紙張達二十萬張。「依例分下分寧、武寧、奉新三縣收買解州裝發。」[63]

明後期，鉛山縣紙張品類有二十六種，其中以連四紙、關山紙、奏本紙、毛邊紙和京川紙尤為著名。《鉛山縣志》中記載了當時鉛山手工造紙種類：

> 其料皆以末葉、嫩竹漬之、搗之、蒸之、曝之而成，粗細不同，名色亦異。細潔而白者有連四、毛邊、貢川、京川、上關，白之次者有毛六、毛八、大則、中則、黑關，細潔而黃者有廠黃、南宮，黃之次者有黃尖、黃表，多出東、西、南三鄉；至於粗而實用則有大筐、小筐、放西、放簾、九連、帽殼，統謂之毛紙，邑之各鄉皆出。細紙難成，毛紙易就。[64]

62　（唐）李肇：《唐國史補》卷下《敘諸州精紙》，上海古籍出版社 1979 年版。

63　（唐）李吉甫：《元和郡縣志》卷二《乞免上供紙》，賀次君點校，中華書局 1983 年版。

64　同治《鉛山縣志》卷五《地理志・物產》，同治十二年刊本。

連四紙，又叫「連泗紙」、「連史紙」，紙質較厚者又稱為「海月紙」。相傳是福建邵武連姓兄弟經過多年研製，精工抄造而成，因他們排行老三、老四而得名。關山紙之名，主要來源於產品從石塘運出之後，要出關越山方能到達銷售地之故。關山紙以「塊」為單位，每塊六刀（又稱把）。「塊」又有槽塊和行塊之分。槽塊是出廠時交售給紙商的計量單位，二塊合成一件，二件為一擔；紙商購得槽塊後，再進行清點、整理、加工，是為行塊。若運輸路線較遠或對方紙商有求，還要將二行塊合成一件，外面用竹籜（俗稱筍殼）包裹，並以竹篾捆紮嚴實，有的還要外套篾簍。

奏本紙以純竹絲為原料，出廠後經加工、包裝，由官府收購，供官員書寫奏章之用，堪稱手工紙中之精品，清末停止生產。

毛邊紙潔白、細嫩、平滑，宜於毛筆書寫以及印刷古籍和家譜，市場需求量頗大。如明代江蘇常熟著名藏書家、刻書家毛晉（1599-1659）的汲古閣刻印的《十三經》、《十七史》等古籍，所採用的就是鉛山毛邊紙。[65]

京川紙初名「荊川」，行銷於湖北、四川一帶。清代銷路擴展，成為京、津地區俏貨，取其諧音，改稱「京川」，並一直沿用至今。

---

65 《鉛山縣志》卷十《工業》第一章《輕工業》第一節，造紙，南海出版公司1990年版。

贛西北的萬載縣以生產表芯紙著稱，到清代時成為萬載縣三
大特產之最（餘二者為夏布和花爆）。表芯紙以當地豐富的毛竹
資源為原料，舊時表芯紙每三十六張為一把，七十二把為一頭，
二頭為一擔，清末時全縣生產表芯紙十萬餘擔，行銷南昌、武
漢、蕪湖、南京、上海等地。當地擁有大小商行數十家，其中最
為著名的是高村的辛茂堂紙行和大橋的瑞豐紙行，分別稱為「船
市表芯」和「橋市表芯」，前者以武漢為基地，轉銷河南、河北
等地；後者以南昌為基地，轉銷江蘇、上海等處，乃至香港、東
南亞國家。[66]

另外，修水、銅鼓縣也是土紙產區。道光《義寧州志》中記
載：

武鄉（後劃為銅鼓縣轄區）有火紙、花箋紙、表芯紙、
疏紙、穀皮紙、土綿紙、硬殼紙。火紙、花箋紙、表芯紙各
槽歲出萬肩。[67]

贛南諸縣的造紙業都較為普遍，當時南安府、贛州府及寧都
州都有。如寧都州的墈坊、西甲、樹溪、小布等村，竹林漫野，
農民「皆伐初生未成竹之苗作紙」[68]；興國縣出產竹紙、連四

66　《萬載縣志》卷十七《三大特產》第三章《表芯紙》第二節，生產
　　規模，江西人民出版社 1988 年版。
67　道光《義寧州志》第八卷《土產・草木類》，道光四年刊本。
68　道光《寧都直隸州志》卷十二《地產志》，道光四年刊本。

紙、綿紙、草紙等，竹紙潔白細嫩，連四紙白而長大，都是文化用紙；綿紙色暗，但質韌，用它糊為折紙扇，涂上生柿油，稱為「油紙扇」，價廉實用，「市之者眾，有轉販至他省郡者」[69]；石城縣手工造紙術在北宋初年即已傳入，至明代已具相當規模，其中尤以橫江、洋地為主要產地，生產的土紙在清乾隆時期已聞名天下，被譽為天然國寶，列為貢品，並遠銷日本、印度和南洋一帶地區[70]；等等。

此外，贛中地區的泰和縣土紙製作也較為有名，該地生產的土紙主要有草紙、竹紙、大裱紙等。清初，在今橋頭鄉、碧溪鄉和水槎鄉等地開始出現土紙槽，其後發展迅速，道光六年（1826）《泰和縣志》中記載「二十六都（今水槎鄉浪川村一帶）出竹紙」，進入民國以後，泰和縣是江西地區生產土紙較多的縣域之一，三〇年代年產約二萬擔。抗戰勝利後，土紙生產進入全盛時期，一九四七年全縣有土紙槽四〇〇多個，年產土紙七萬餘擔。五〇年代後，進行了手工業合作社改造，至七〇年代中期開始實施了半機械化生產，其後由於竹木資源減少，土紙生產也逐步萎縮。[71]

民國時期江西紙張產值占全國的百分之二十：

69　同治《興國縣志》卷十二《土產》，同治十一年刊本。

70　《石城縣志》第四卷《經濟》第二十一章《工業》第九節，造紙、印刷，數目文獻出版社 1990 年版。

71　《泰和縣志》卷十四《地方特產》第二章《土特產》第四節，手工業特產，中共中央黨校出版社 1993 年版。

浙、閩、皖、贛、湘、川皆為吾國產紙之區，而以贛產為最富。民四至民七年間，平均產價值八百萬元以上，占全國紙產總量百分之二十，總值五分之一。

吳宗慈在《江西通志稿》中描述了民國時期江西地區所生產的紙張種類、造紙原料以及造紙廠情況：

江西手工製紙，因各地風俗、語言之不同，名稱亦多互異，大概可分為粗紙與細紙兩種，粗紙以火紙、表芯紙為代表品，奉新、宜春、萬載、萍鄉所產最著；細紙以連史、毛邊、關山為代表品，而以鉛山之連史、關山及泰和、石城之毛邊為最著，本省紙張向就其用途概分為七類：（甲）繕寫印刷紙；（乙）日用包裹紙；（丙）迷信用紙；（丁）糊裱紙；（戊）製傘及燈籠紙；（己）爆料紙；（庚）染色紙。[72]

植物纖維為各種紙張之原料，昔者各國所用纖維多用舊棉破布製成，今日之主要來源則為木料。將其鋸斷後，置諸磨中製成纖維，是為木漿，此法需價較廉、應用至廣，今日各國所用製紙原料咸多為木漿，唯我國各地森林多處於交通不便之區，而竹之產量頗鉅，故多取其製成竹漿，以為造紙原料。江西氣候溫和，土地肥沃，產竹區域遍及東南西各

72 吳宗慈：《江西通志稿》第 19 冊，《略二・經濟略一・工業》，《肆・紙張》寅《江西紙業概況・（二）產紙種類》。

部，且竹之造林繁殖極速，實較木材便利，故本省各地均用竹漿為製紙原料。此外，苧麻纖維亦為造製之上等原料，均取製鈔票及證券雪花，樹皮用製皮紙，稻草則造硬紙及草紙，各項原料，贛省產量頗豐，甚有裨益紙業之發展也。[73]

抗戰期間，江西建設廳曾於宜黃設立造紙廠，另有民營南豐竹源造紙廠及贛縣鑫鑫造紙廠，各廠出品均佳，而橫江重紙尤為著稱，質料甚優，在戰時曾供應西南各省之需要，故江西印刷品得以名聞各省。勝利以後，洋紙傾銷內地，致造紙工業遭受打擊，三十六年度各廠先後停頓，唯一般手工業製紙則仍維持其原有之生產，如連史、毛邊、表芯及橫江重紙能暢銷各地，有供不應求之勢。[74]

五、夏布生產

明清時期，江西紡織業進入鼎盛階段，以夏布最為著名，形成了萬載、寧都、宜黃、上饒等許多生產中心區域。

寧都、瑞金及石城縣是盛產夏布的區域，道光初年，這裡的農家婦女已是「無蠶桑之職，唯事績紉，苧則陽都為精」[75]，而夏布生產獨盛。婦女紡績以後，「請織匠在家織成（夏）布」，

73 吳宗慈：《江西通志稿》第 19 冊，《略二‧經濟略一‧工業》，《肆，紙張》寅《江西紙業概況‧（三）制紙原料》。

74 吳宗慈：《江西通志稿》第 19 冊，《略二‧經濟略一‧工業》，《肆，紙張》寅《江西紙業概況‧（四）造紙廠》。

75 道光《寧都直隸州志》卷十一《風俗志》。

一匹夏布長約十丈以上。當地產生了一批專業性夏布貿易市場——「夏布墟」，主要有安福鄉的會同集、仁義鄉的固厚集、懷德鄉的璜溪集、縣城的軍山集等，逢趕集日，場面熱鬧非凡：

> 每月集期，土人及四方商賈如雲。總計城鄉所出夏布，除家用外，大約每年可賣銀數十萬兩。女紅之利，不為不普。[76]

石城縣的夏布「歲出數十萬匹，外貿吳、越、燕、亳間」[77]；興國縣的夏布，「精者潔白細密，建寧、福生遠不及焉」同治《興國縣志》卷十二《土產》。

> 葛布出信豐、會昌、安遠諸處，葛有家園種植者，亦有野生者，而葛布多雜蕉絲，乍看鮮亮悅目，入水變色，質亦脆薄，純葛絲則韌而耐久，沾汗不污，唯會昌之精者績更艱，葛一斤擇絲十兩績之，半年始成一端，今會昌、安遠有以湖絲配入者，謂之絲葛。
>
> 苧布各邑俱有，多植山谷園圃間，閩賈於二月時放苧錢，至夏秋則收苧以歸而造布，首推寧都，潔白細密，福生布不及。

---

76 道光《寧都直隸州志》卷十二《土產志》。
77 道光《寧都直隸州志》卷十二《土產志》。

　　　　棉布各邑皆有，而龍南、定南尤多，織木棉布或被襖巾
帶之類，貿於四方，棉花本地所產不甚廣。[78]

　　贛東北的上饒、宜黃、崇仁、樂安、臨川等縣，夏布產量較
多。同治《建昌府志》記載：「瀘俗耕作之餘，刈竹煮絲以楮業
相高，女子不事容冶，或數紡績成布以自給。」[79]上饒市信州區
夏布生產歷史悠久，主要以該區沙溪鎮為中心，夏布製作技藝傳
統源於清代，並與古代服飾的發展有緊密聯繫。目前成為江西省
乃至全國的夏布生產的重要集散地，該區域夏布生產總量約占全
國三分之一，產品遠銷韓、日、美、英等二十多個國家和地區。

　　　　（上饒）婦女無故不出戶庭，不事耕獲，不給薪水，不
　　行鬻於市。（明嘉靖舊志論）貧者績苧為多，紡織亦間有
　　之，素封性，習勤者，時而刺繡，然已僅矣。[80]

　　宜黃棠陰鎮是贛東北夏布產銷中心，地處發源於宜黃南部山
麓的宜河中游，地勢平坦，水流平緩清澈，河床東西兩岸全是卵
石水灘，是漂白夏布的最佳場所，漂洗出的夏布潔白又具光澤。
由於這裡的河水漂白能力好，周圍城鄉乃至外縣織出的夏布都運

78　乾隆《贛州府志》卷二《物產·貨》，乾隆四十七年刊本。
79　同治《建昌府志》卷一《地理志·風俗》，同治十一年刊本。
80　同治《上饒縣志》卷十《風俗·女功》，同治十一年刊本。

到此地漂洗淨白。過去每年端午節後，棠陰鎮自南而北長達十餘里的沿河兩岸，夏布接踵覆蓋，景象頗為壯觀。明末清初，該鎮成為江西四大著名的夏布生產和集散中心地區之一，至清乾隆時期，更是發展成為江南三處最負盛名的夏布生產、經營集鎮，當時有「小小宜黃縣，大大棠陰鎮」之稱。所產夏布，按紗的粗細可分為四等，最細的輕薄如蟬翼，細嫩光潔，涼爽耐穿，為夏季流行的高檔次衣料，暢銷於南昌、上海、武漢、山東、山西等地，並出口至朝鮮、日本、東南亞等國，清朝末年，年產量約四十萬匹。[81]

贛西北是夏布重點產區，以萬載縣最著。萬載夏布生產歷史悠久，具體起源時間已無從考證。據傳，南北朝時期，萬載鄉農藺思源，發現富有韌性的草本植物苧麻，並將它的表皮剝下，用以編製帷帳，效果很好。此後，萬載民眾逐漸改進績麻之法，採用純潔的苧麻纖維織造夏布。其類型有本色、漂白、染色、印花等多個品種，其紗質細軟、邊縮平整，織造均勻，色澤清秀、不皺折、不變形，易洗滌，清涼爽汗，唐時被列為貢品。

明清時期，夏布製作在萬載流傳十分廣泛，影響非常深遠。據史料記載，明代時期全縣約有百分之七十的農戶從事或兼營夏布，縣城經營夏布的商號上百家，清代有千餘家作坊從事夏布生產，其中以株樹潭（今名株潭）、周陂橋最突出。株樹潭是棚民

---

81 《宜黃縣志》卷二《鄉鎮場》專記《千年古鎮——棠陰》，三秦出版社 2008 年版。

第四章・傳統手工技藝與行業習俗

363

聚居地，由福建、廣東等地民眾在明中葉後遷入，對促進夏布生產的發展作出了貢獻，他們「利用土著不耕之高崗山谷，以從事墾殖」，用來「種麻種菁」，道光《萬載縣志》記載：當地夏布「嫩白勻淨，通行四方，商賈輻輳」。民國時期，萬載「境內鄉鎮如大橋、潭埠等處，昔時每年出產夏布常達萬餘卷（一卷平均二十三匹）之多」。《萬載縣志》卷十七《三大特產》，第二章《夏布》第二節，產銷，江西人民出版社一九八八年版。比較宜黃、臨川夏布，萬載夏布有「柔軟潤滑，平如水鏡，輕如羅綃」的優點。最細的闊幅夏布為八〇〇到一二〇〇扣，窄幅的以六五〇到八〇〇扣為上等。一般每匹長七十二尺，二十三匹為一卷。至光緒間，年產闊幅夏布約一萬卷，窄幅夏布約五六千卷。近人吳宗慈在《江西通志稿》中記載了近代江西夏布發展情況：

及至清末民初，本省夏布之暢銷已至登峰造極，每年輸出數量平均達一萬五千擔以上，約合幾十萬疋。直至民國二十年後，日本發明人造絲織品，價廉物美，傾銷南、萍各埠，取替中國夏布市場，並增加入口關稅，抵制中國夏布入口，江西夏布乃大受打擊，產銷數量一落千丈。迨及抗戰，單與舶來品、人造絲織物來源絕斷，同時江西夏布亦無出口機會，在此情形下，印花夏布遂應運而生，當時宜春、萬載、吉安等地，均設有印花夏布廠，其出口婦女多採用，以製夏季旗袍，因此夏布之銷路稍有起色，抗戰前精細夏布多為闊幅，嗣為適合裁製衣服，節省布料起見，多織狹幅。此

係最近十年來江西夏布之一大改革。⁸²

民國《萬載縣志》中記載了當時夏布紡織的方法和程序：

夏布第一為麻，愈嫩愈好，揀盡黃、黑點，女工排成一
片，與織簾略同。用黃牛屎水浸透，復用清水洗淨，鋪於草
坪上，愈早愈好，時時以水澆之，日光當午會曬死色，午即
收回，於背日處風乾，如此者數次。其麻鮮艷奪目，本地麻
名曰「家園」，比外來者好，仍不多得，即時將排成片段，
拆開用五指圈一小圈，績時清水浸透，最好年輕婦女者免炊
爨者相宜。稍粗之紗，則老年婦女亦多為之。紗成繰作繭樣，
織工多用男人，初時名曰「經紗」，隨而絲絲入扣，於陰涼
地放開，以極細白米漿刷之，織時復須時時刷水，霜風起須
避入土洞，以防燥斷。織機與織棉紗者略有異同，布成售
出，以精粗定價之高低，闊幅、狹幅價復不同。運銷各埠，
分別成卷，狹幅有七五卷七百五十尺，計十四疋，淨白頭一
千五百尺內貴布五百尺配卷，計長一千五百尺配合而成，不
計疋書；闊幅則有中卷，十六疋內白頭三疋，七五卷黃布十
五疋七百五十尺，又天尖卷是十疋內白頭三疋。土產與商業
相為表裡者也。縣境崇山疊嶂，修竹成林，時當初夏，筍將

82　吳宗慈：《江西通志稿》第 19 冊，《略二・經濟略一・工業》，《貳，
　　夏布》子《沿革》。

成竹，芟之、暴之、浸之，紙之原料出，蓋經十數番之手而成。其最者為頭印，一曰裝攢，其次為二印，又其次為大剔、小剔，一曰散裝，則以供本地之用。[83]

近些年來，主產夏布的分宜縣，引進韓國現代紡織技術，將手工作坊變為機械化生產，將夏布再進行漂白與染色或變整形，集漂白、烘乾、整形於一體，可印染成多種顏色夏布，做成各種瑰麗多姿女套裙等服裝以及抽紗做成飛機、遊艇、小車上各種精美墊子布和窗簾、茶具、沙發的裝飾布，十分暢銷，成為國內唯一夏布漂印生產線，大大提高了產品附加值。[84]

此外，江西也是棉布和葛生產較為盛行的地區。餘干縣城鄉普遍織棉布，「家以棉花織布，謂家機土布，質厚而堅，於常服最宜」[85]。湖口縣出產的棉布，「中鄉出者密厚，下鄉出者白淨而輕」[86]。南昌鄉村百裡間「無不紡紗織布之家，勤者男女更代而織，雞鳴始止，旬日可得布十疋，贏利足兩貫餘。耕之所獲，不逮於織」[87]。吉安百姓「資生常貨，用廣而利厚者，無過青藍

---

83 民國《萬載縣志》卷四之三《食貨·土產表》，民國二十九年（1940）刊本。

84 中國江西網，網址：http://wh.jxcn.cn/show.asp?id=579，江西省文化廳主辦。

85 同治《餘干縣志》卷二《風俗》，同治十一年刊本。

86 同治《湖口縣志》卷十二《物產》，同治十三年刊本。

87 民國《南昌縣志》卷五十六《風土》，民國二十四年（1935）刊本。

白布，歲數百萬金」⁸⁸。

（南昌）布俗曰筘布，筘以受經梭以持緯，郝氏業之。
府志曰：南昌郝氏之筘，粗厚幅闊者曰大布，鄉村百里無不
紡紗織布之家，勤者男女更代而織，雞鳴始止，旬日可得布
十疋，贏利足兩貫餘。耕之所獲，不逮於織，耕以足食，織
以致餘，農家未有不勤織而富者，寡婦以織養舅姑、撫兒女
者多有。光緒中歲以後，筘布之業浸微，婦女愁嘆坐食，機
杼不聞，間有織者，以洋紗為經，棉紗為緯，或經緯皆用洋
紗，求昔之筘布，無有矣。⁸⁹

（武寧）採蘩桑、操井臼，皆夫人職也。武寧女子，唯
司中饋，紡績、縫紉，機杼、刀尺之聲，或有達旦不休者，
朝夕服事於內，終歲之間，鄰里罕見其面。⁹⁰

（會昌）地無絲纊，產僅紵葛，而葛尤土宜之最。故婦
女皆以績麻為職。居每當冬令，掃室布席，呼偶課工，至夜
分方息。所謂一月得四十五日。春夏之間，繅車軋軋，比戶
皆然。及織成幅，無事渲染，而黃絲宛如金縷，精者細薄如
縠，每幅價值百五六十文。售者甚稀，多為蘇賈購去，價廉
者反雜甘蕉為之。鄉人能辨，他人不能辨也。紡績餘閒，一

88　民國《吉安縣志》卷三十《民事》，民國三十年（1941）刊本。
89　民國《南昌縣志》卷五十六《風土》，民國二十四年（1935）刊本。
90　同治《武寧縣志》卷十一《風俗》，同治九年刊本。

家男女履烏，皆手自製造，工致縝密，履人自愧弗如。兼善刺繡，他邑婦女悉遜其工巧。至如議酒食、操井臼、提甕灌園、執筐取蔬，一切為之，不稍懈也。民勞則思，逸則淫。會邑民鮮素封，婦女安於勤苦。夫故妄念無自而萌，採風者遇此，庶可免於譏乎！[91]

（萬安）婦女以紡織為事。夏則理苧，冬則紡棉，富者不施粉黛，謹守閨門。貧者勤於女工，以供衣食蠶桑。則城內及西北一帶地方，所在多有。舊志所云不蠶不織之風氣，迥不想侔矣。[92]

（龍南）民鮮知蠶土，亦不美桑，故婦多織綿苧為布，貧戶恆取利以給自養。女僕多力作，負水採薪，辛苦習勞，頗以為慣。[93]

（南康）婦無蠶桑之職，唯事紡績，勤者日夜能紡丈布之紗。間有能自織者，抱布貿棉，權算工，工於男子，唯唐江竹下，專工織帶，橫石井以內，則又專事績苧，所產夏布，精緻倍於他方。[94]

（萬載）女工專以縫紉績麻為事，姑率媳，母攜女，篝燈合作，每至宵分間，繅野蠶紡木棉。勞則善心生，故閨閣清嚴，內外整肅，不睹客面，即至戚來往，亦有不出門不逾

91　同治《會昌縣志》卷十一《風俗志》。
92　同治《萬安縣志》卷一《方輿志·風俗》。
93　光緒《龍南縣志》卷二《地理志·風俗》。
94　民國《南康縣志》卷六《社會·風俗》。

閫之意。近此風漸衰。然士大夫家猶斤斤有禮法。[95]

（安義）古來自九月初一日起，婦女紡織，比戶聞機杼聲。[96]

（德興）德興俗朴，女無歌舞婆娑之好。又萬山峭立，不宜於桑，間有飼蠶者，絲棼不可治。唯苧麻、木棉彌山遍野。秋夏間取而治之。篝燈四壁，機聲軋軋，卒歲之謀，常取具於是。沃土易淫，吾邑知免矣。[97]

六、釀酒

江西地區的釀酒歷史淵源久遠。考古資料表明，至少到新石器時代晚期江西先民已開始釀酒，商周時期已相當發達。在今清江、豐城、九江、贛州、會昌、大余、都昌、於都、瑞昌、黎川等地出土了大量的隋唐五代時期的酒具，種類有錐斗、高足杯、盅、筒形杯、六系壺、盤口壺、雙耳壺、碗、甕、缸、盞、壇子、盂、執壺、青白釉瓜棱壺等，從中可以看出當時江西地區釀酒業頗具規模。唐天寶時任水陸轉運使職的韋堅在都城長安大開水上物質展覽會，精選各地有特色的物質用船運來供皇帝觀覽，其中就有來自江西的瓷製酒器。[98]

95 民國《萬載縣志》卷一之三《方輿·風俗》。

96 民國《安義縣志》卷四《物產志》，民國二十五年（1936）稿本，江西省圖書館藏。

97 民國《德興縣志》卷一《地理志·風俗·女紅》，民國八年（1919）刊本。

98 （後晉）劉煦：《舊唐書》卷一百五《韋堅》，中華書局1997年版。

宋代江西出土酒具的地區遍及吉安、贛州、星子、都昌、婺源、鉛山、景德鎮、南城、永修、尋烏、瑞昌等地，酒具種類有執壺、杯、瓶、盞、碗、盅、注壺等，出現了影青瓷製和銀製酒具。這一時期，江西酒具品種漸趨單一，但製工精細，設計科學實用。

元明清時期，江西地區的瓷製酒器已十分常見，在今高安、萍鄉、吉安、贛州、寧都、貴溪、金溪、景德鎮、廣昌、弋陽、橫峰等地都有出土，其釉色和刻花五彩斑爛。種類包括壺、杯、盞、注壺、盅、八棱玉壺春瓶、彩繪罐、高足杯、梅紋瓶、飛鳳紋高足杯、托座小杯、把手注壺、缸、爵、碗等。釉色主要有青花、黑釉、白釉、青花釉、褐黑釉、青釉、青花斗彩、釉裡紅、粉彩、五彩、淡青釉、粉青釉等。總之，根據考古發掘的不同時代的酒具數量和工藝水平反映了本地區釀酒業的繁榮發展歷程。[99]

就種類來說，江西酒主要可劃分為黃酒和燒酒兩大類型，其中黃酒以粳米、糯米等穀物為原料，經過蒸煮、糖化和發酵而成；燒酒主要以稻穀、高粱和麥子等為原料蒸餾而成。

各地的黃酒名稱不一，按顏色命名的有紅酒和白酒；按釀造時間命名的有老酒、春酒、年酒、時酒、新酒、雪酒、伏酒、臘酒、清明酒、棗兒紅酒和梨花白酒；按配料命名的有菊花酒、椒花酒、菖蒲酒和竹葉青酒；按原料命名的有高粱酒、麥酒、雄黃

99　魏佐國：《江西古代釀酒業一瞥》，《南方文物》2003 年第 4 期。

酒和番薯酒；按地名命名的有宜春酒、麻姑酒、泰和酒和丁坊酒；按釀造方法命名的有密酒、甕酒、陳糟酒和郁糟酒。

燒酒技藝在元代就已出現，明清時期得到迅速發展，主要以稻穀、高粱和麥子等為原料蒸餾而成，主要種類有米燒、雜糧燒、黏米燒、薏仁米燒、高粱燒和火酒等，其中不少是全國名酒，如進賢的李渡酒、樟樹的四特酒、臨川的貢酒、新幹的梨花白酒、南昌的雙泉酒等等。

李渡酒，因產於南昌市進賢縣李渡鎮而得名，代表了元代以來江西地區的釀酒技藝水平。李渡鎮原名李家渡，位於進賢縣西南，地處贛撫平原，是江西古鎮、江南糧倉。李渡燒酒源於李渡鎮而得名，以當地優質糯米為原料，將糖化、酒化技術和半固態發酵方法結合起來，顯示出了傳統造酒技藝的高超水平。

李渡酒生產歷史悠久，據載距今已有一五〇〇多年。當地自古以來就有「酒鄉」之稱，文化底蘊深厚，文人墨客、商宦布衣，皆因李渡酒而「聞香下馬，知味攏船」[100]；至元末明初，當地已流傳有「趕圩李家渡，打酒買豆腐」之說，清代以後開始聞名全國。清末，該地萬茂酒坊廣集民間釀酒技術，在糯米酒的基礎上，引進了用大米為原料，用大曲為糖化發酵劑，用缸、磚結構老窖發酵製白酒的新工藝，於是李渡酒由此而發展起來，制酒作坊也隨之增至七家，其酒精度數為五十六度。由於酒色清透、

100　《進賢縣志》第七篇《工業志》第六章《食品加工》第二節，釀酒，江西人民出版社 1989 年版。

芳香濃郁、味正醇甜，近代以來該酒名聲大振，暢銷全國市場，成為江西地區的名酒之一。

二〇〇二年六月，位於江西省南昌市進賢縣李渡鎮（元時隸龍興路）的江西李渡酒業有限公司在改建老廠無形堂生產車間時，考古發掘出元代至近代燒酒作坊遺址，共出土元、明、清、近代、現代五個時期的水井、爐灶、晾堂、酒窖、蒸餾設施、牆基、水溝、路面、灰坑、磚柱等釀酒遺跡。江西食品工業協會酒類專家根據李渡（無形堂）燒酒作坊元代酒窖並參照江西民間傳統小曲酒生產工藝，使用模擬法，復原了元代白酒生產工藝，具體如下：

（1）工藝及配料的模擬：（100斤）稻穀→潤料、蒸煮（增重至約200斤）→抬瓶（進晾堂）攤晾→加曲（約1斤）→堆積前發酵→（入缸）發酵（後加水100斤）→（8-10天後）起缸、蒸餾→入罈儲存（按稻穀折算，每擔穀子出酒度為40-45度的燒酒60斤左右）。

（2）操作時間的模擬：入瓶蒸煮約二小時，抬瓶，攤涼、拌曲約一點五小時，起缸、蒸餾約三點五小時，其餘時間為第二天潤料和粉碎曲塊等。

（3）發酵周期的模擬：視春、冬和夏、秋溫度的不同，發酵時間多則十天，少則八天。因此，每天進一缸料，出一缸醅，吊一罈酒，需十個發酵缸。[101]

[101] 樊昌生等：《李渡（無形堂）燒酒作坊遺址考古取得重大突破》，《農

本次發掘證明，李渡釀造蒸餾酒的歷史至少可以追溯到元代，歷經明清而連續不斷，是繼四川成都水井坊之後中國發現的又一處時代最早、延續時間最長且具有鮮明地方特色的古代白（燒）酒作坊遺址。也是目前中國乃至世界範圍內證明元代蒸餾酒生產、發展並在科技史上取得突破最好的遺址。它為中國蒸餾酒釀造工藝起源和發展研究提供了實物資料。[102]

　　四特酒，產於今樟樹市，係採用優質大米和天然礦泉水，經傳統工藝和現代科技手段精釀而成，具有幽雅舒適、諸香協調、柔綿醇和、悠長回甜的特點。在中國白酒香型分類上獨樹一幟，屬「特香型」。四特酒是傳統名酒，已有三○○○餘年歷史。南宋愛國詩人陸游曾詠嘆「名酒來清江，嫩色如新鵝」。新中國成立後，周恩來總理曾贊譽其「清香醇純，回味無窮」，鄧小平贊為「酒中佳品，味道獨特」。唐時就有「四特土燒」工藝，明時江西籍科學家宋應星還將四特土燒的工藝寫進《天工開物》。[103]

　　臨川貢酒，因產於臨川而得名。相傳北宋熙寧八年，臨川籍丞相王安石得知臨川新出美酒，芳香撲鼻，便把佳釀送給宋神宗皇帝。神宗知道王安石本不喝酒，此酒一定非尋常之酒，當場在

　　業考古》2003 年第 1 期；楊印民：《元代酒俗、酒業和酒政》，河北師範大學歷史系碩士論文，第 44-45 頁。

102　楊軍、劉淑華：《李渡無形堂燒酒作坊遺址──探索中國白酒起源之謎》，《南方文物》2003 年第 4 期；樊昌生等：《李渡（無形堂）燒酒作坊遺址考古取得重大突破》，《農業考古》2003 年第 1 期。

103　（明）宋應星：《天工開物·曲糵第十七》，潘吉星譯著，上海古籍出版社 1993 年版。

大殿開啟，喝過後讚賞道：「此乃臨川之佳貢也！」各位大臣品嘗後都讚不絕口。從此，臨川酒每年進貢朝廷，臨川貢酒因此得名，並沿用至今。[104]

溢水酒，因使用溢水釀造而得名，溢水是一條流經九江後北注入長江的支流。溢水酒在唐代時就已著名，李肇《唐國史補》記載了唐代長慶年間（821-824）全國的十四種名酒，其中即有溢水酒。[105]

宜春酒，主要產於今宜春市，是兩晉時出現的一種名酒。王隱《晉書·地道記》云：「宜春縣出美酒，隨歲貢上」。至唐宋兩代仍是朝廷貢品，《新唐書·地理志》記載，袁州宜春縣「有宜春泉，釀酒入貢」；樂史《太平寰宇記》也說：「宜春酒酎隨歲舉上貢」。明清時期宜春酒依然受人喜愛，馮時化《酒史》列記了全國十二種名酒，其中即有「宜春酒」[106]。

麻姑酒，產於南城縣，係用麻姑山優質糯米和麻姑山神功泉水釀造而成。唐代開始釀造，兩宋時始負盛名，《太平寰宇記》載：「麻姑酒，麻姑山取神功泉釀者佳。」明清時期更聲名遠揚，明江西僉事田龍稱：「釀酒為泉羨神功，絕勝蘇酪細煮松」[107]；清江西布政使參議施閏章贊麻姑酒：「味比蔗漿色菊

104　徐蕾、嚴琦、胡根文：《關於江右商幫酒業老字號的品牌文化分析——以臨川貢酒為例》，《老區建設》2011 年第 6 期。

105　（唐）李肇：《唐國史補》卷下《敘酒名著者》。

106　（明）馮時化：《酒史》卷上《酒品第五》，齊魯書社 1997 年版。

107　（清）黃家駒：《重刊麻姑山志》卷十《詩·七絕·酌神功泉（田龍）》，同治五年刊本。

黃，佳者泠泠如白玉」[108]。

泰和酒，產於江西泰和縣，是明代出現的一種名酒。明人顧起元在《客座贅語》中「計生平所賞」，列舉全國二十種名酒，其中也有「泰和之泰酒」，認為此酒與麻姑酒一樣「色味……冠絕」[109]。可見泰和酒影響之大。

丁坊酒，又名棗兒紅酒，以產於南昌縣丁坊村而得名。當地地方志記載：

> 酒，上南昌以燒，下南昌以釀，燒用穀麥、高粱，用蕎麥燒者色碧；釀用糯米，燒者清而烈，釀者濁而醇，燒曰燒酒，釀曰水酒，棗兒紅酒出丁坊，一曰丁坊酒，井泉甘冽釀佳，故名，十月釀者色紅，曰十月紅，俗以清明、重陽日釀酒，取醅與糟貯於甕，以泥封之，久而開甕者色益濃。[110]

此外，明清時期江西名酒還有新幹梨花白酒、萍鄉玉蘭酒、於都密酒、奉新高粱酒等。

108 光緒《建昌府志》卷九《藝文志・賦詩・七言・游麻姑（施閏章）》，光緒五年刊本。

109 （明）陸粲、顧起元撰：《客座贅語》，譚棣華、陳稼禾點校，中華書局 1987 年版。

110 民國《南昌縣志》卷五六《風土》。

七、礦冶

　　江西地區礦冶開採歷史悠久。新幹大洋洲商墓發掘出的大量青銅器皿，說明了早在商代本地區的冶鑄業就已存在，並表現出較高的水平。秦漢以後，本地區的冶鑄業繼續發展，在今南昌、修水、安福、鉛山、南康等處出土了大量的銅鏡、銅劍、銅鐘、銅熏爐等漢代青銅器，表明了當時江西鑄銅技術的發展水平。[111]魏晉南北朝時期，由於資料的限制，當時的礦冶業發展狀況及水平已不得而知。

　　進入唐代以後，江西地區的礦冶業得到普遍發展，據相關史料記載，當時江西南北都有礦產開採，主要表現為：南昌的銅礦、宜春的銅礦和鐵礦、臨川的金銀礦、彭澤的銅礦、九江的銀礦和鐵礦、樂平的金、銀、銅、鐵礦、玉山的銅、鉛、銀礦、上饒的金、銅、鐵、鉛礦、弋陽的銀礦，南康的錫、於都的金、大庾的鉛和錫、安遠的鐵和錫況等。[112]唐高宗上元二年（675），朝廷在今德興縣設立鄧公場，進行銀礦開採：

　　　　邑人鄧遠上列取銀之利，上元二年因置場監，令百姓任便採取，官司什二稅之。其場即以鄧公為名，隸江西鹽鐵都

---

111 唐山：《南昌塘山東漢墓》，《南方文物》1976 年第 5 期；劉玲、關節：《江西修水西漢墓清理》，《考古》1962 年第 4 期；黃謨彬：《南康縣清理一座西漢墓》，《南方文物》1982 年第 2 期；何財山：《江西安福楓田清理東漢墓》，《南方文物》2004 年第 1 期。

112 許懷林：《江西史稿》，江西高校出版社 1998 年版，第 132 頁。

院。[113]

宋代時期，江西地區採礦和冶鑄生產的鼎盛，是本地區手工業生產中的突出成就，其中又以銅礦開採和銅錢鑄造為主要。各地開採的礦產種類豐富，具體表現為：鄱陽、德興、浮梁、貴溪、南康和撫州等地的金礦，南豐、德興、饒州、鉛山、弋陽、貴溪、贛縣、於都、瑞金和大庾等地的銀礦，鉛山、德興、弋陽、大庾、南康、瑞金和吉安等地的銅礦，贛州、餘干、鄱陽、德興、樂平、鉛山、弋陽、玉山、貴溪、分宜、安福、萬安、吉水、吉安、泰和、永新、新建、進賢、上猶、德安和德化等地的鐵礦，寧都、會昌、南康、大庾、上猶和南康等地的錫礦，鉛山、大庾和寧都等地的鉛礦，等等。[114]

（東鄉）宋乾道間，郡城東一百二十里東山產鐵，置東山鐵廠，共爐凡四，曰羅首坪、曰小墊、曰赤岸、曰金峰（按四地今皆分隸東鄉），每歲額共趁辦鍋鐵二十四萬二千四十六斤，解往饒州安仁縣，轉發信州鉛山縣浸銅冶煉，後俱無額，廢。[115]

（撫州）唐寶曆間，金溪未縣，屬臨川，曰上幕鎮，鎮

113　（宋）樂史撰：《太平寰宇記》卷一〇七《饒州‧德興縣》，中華書局 2000 年版。
114　許懷林：《江西史稿》，第 302 頁。
115　同治《東鄉縣志》卷八《風土》，同治八年刊本。

東二里白面塢與銀山金窟山並產銀，遂置爐冶，後礦脈絕，場吏以額虧獲罪，吏二女不勝痛，投爐而死，事聞，額除。宋慶曆五年，郡守王周於城西戰坪得金山子，獻於朝，遂置場於其地，穿井千數無所得，尋廢（戰坪即展坪）。宋乾道間，郡城東一百二十里東山產鐵，置東山鐵廠，共爐凡四，曰羅首坪、曰小墅、曰赤岸、曰金峰（按四地今皆分隸東鄉），每歲額共趁辦鍋鐵二十四萬二千四十六斤，解往饒州安仁縣，轉發信州鉛山縣浸銅冶煉，後俱無額，廢。

宋乾道間，城西銅山產銅，後俱無額，廢。[116]

（臨川）唐寶曆間，金溪未縣，屬臨川，曰上幕鎮，鎮東二裡白面塢與銀山金窟山並產銀，遂置爐冶，後礦脈絕，遂廢。宋慶曆五年，郡守王周於城西戰坪得金山子，獻於朝，遂置場於其地，穿井千數無所得，尋廢。廬井無水，尚存。宋乾道間，郡城東一百二十里東山產鐵，置東山鐵廠，共爐凡四，曰羅首坪、曰小墅、曰赤岸、曰金峰，每歲額共趁辦鍋鐵二十四萬二千四十六斤，解往饒州安仁縣，轉發信州鉛山縣浸銅冶煉，後俱無額，廢。[117]

在銅礦冶煉方面，這時採用了膽水浸銅法，即將鐵片放入硫酸銅溶液中得出硫酸鐵和銅，是世界冶金史和化學史上的重大貢

116　康熙《撫州府志》卷之八《物產》，康熙廿七年刊本。
117　康熙《臨川縣志》卷十一《地理志・物產》，康熙十九年刊本。

獻。

元代江西地區的採礦業依舊興盛,尤其是今上高縣蒙山銀礦進行了大規模開採,同治《上高縣志》中記載:「至元十三年置提舉司,撥袁、臨、瑞三府民人三千七百戶,糧一萬二千五百石,辦正課五百錠。」

（撫州）元大德間,安樂縣二十都小糟村產銀,初以稅戶充夫,以所得銀當其租入,初若甚便,未幾礦竭,遂浮辦於夫,而民病矣,元至正初、明洪武、永樂間兩經踏勘,罷其額。[118]

明代時期,江西進賢、新余、分宜三縣各設了一個冶鐵所,合計冶鐵三二五萬斤,占全國總數的百分之四十三點六。[119]清代政府對礦冶或禁或開的政策,致使採礦業盛衰無常。這一時期,眾多地區進行了煤礦開採,如萍鄉、吉安、崇義、上饒、高安等地。

（安遠）安遠有鐵有雲有錫……鉛山出鉛,玉山出玉,金溪出金,亦僅存縣名耳,可知生金。[120]

118 康熙《撫州府志》卷之八《物產》,康熙廿七年刊本。
119 （清）孫承澤:《春明夢余錄》卷四六《工部一·治漕》,《景印文淵閣四庫全書》第 868 冊,台灣商務印書館 1983 年版。
120 同治《安遠縣志》卷一下《地理志·風俗》。

清末民初以來，江西地區興辦的礦冶業主要是採煤，其中以萍鄉尤為顯著。萍鄉煤礦於一九〇七年完成基本建設，採用機器開採、運輸、洗煤、煉焦等近代技術，成為全國最大的煤礦之一。此外，贛南地區的錳礦和鎢礦被發現並開始開採。江西也蘊含大量黃金，因而江西歷來就有淘金熱。

（修水）淘金由來已久，清代及民國以來，群眾淘金風氣較盛。淘金分水、岸兩種。淘水金難以單獨行動，至少須有二人結合，一般先挖沙開潭，深度須及河底，因沙金多沉澱於原始沖積層中，故有「淘金不見底，死也不甘心」之諺。在深水中淘金既危險又艱難，有時淘上一盆沙要潛入水三四次，天冷還須先喝幾盅燒酒禦寒，下水時嚴禁高聲大叫，以免驚動鬼神。

淘岸金多須挖山打洞，有的洞進身幾百米，時有塌方危險，挖來的礦石先粉碎，然後用盆淘洗。

淘金的人自稱金花子（乞丐），勞動很艱苦，收入不穩定，俗云「淘金刮漆，有一日冇一日」。金販子則投機取巧，從淘金人的汗水中牟取暴利，被人貶之為「金鬼子」。[121]

---

[121] 《修水縣志》卷三四《風俗習慣》第一章《生產習俗》第四節，其他生產習俗。

八、其他

（一）墨硯生產

江西地區自唐宋以來，科舉教育發達，加上地理因素影響，天然硯石資源豐富，從而促進了本地區製硯工藝的發展。據載，江西製硯工藝始於晉代，距今已有一千五百多年的歷史。在唐代，婺源生產的龍尾硯（古稱「歙硯」）已譽滿全國，其工藝精緻，紋飾多樣，給人以典雅、古樸、簡潔之感。宋代時期，江西的製硯工藝已經很成熟，雕刻紋飾與硯石巧妙結合，使不少文人雅士為其而垂青，江西龍尾硯也成為了中國四大名硯之一。

江西民間所雕硯台不僅品種繁多，而且具有光潔細膩、柔堅適度，發墨細快、澀滑適當等優點。其造型結構多種多樣，因材而施，講究裝飾雕刻，利用石型、石紋，雕刻出雲龍、戲鳳、嫦娥、河池、浴牛、戲魚等等幾百種紋飾造型，因此深受歷代官家、文人喜愛，並名揚天下。其中尤其以婺源縣龍尾硯、星子縣金星硯、玉山縣懷玉硯和修水縣貢硯最為著名，被譽為「江西四大名硯」。

（二）花炮生產

花炮是鞭炮和煙花的總稱。江西地區是中國著名的鞭炮生產基地之一，萍鄉市上栗縣和宜春萬載縣等地為本地區主要的花炮生產之地。上栗縣是中國鞭炮煙花的發祥地之一，自古生產爆竹煙花，古往今來，享譽海內外，著名的中國花炮祖師李畋就誕生

於該縣金山鎮麻石街。萬載縣是江西另一個著名花炮製作地，現已發展成為全國五大花炮傳統基地之一。南宋時期，該地民間已有手工作坊製作簡易爆竹，並繫結成鞭，有百響、數百響以至千響等品種。清道光年間，萬載花炮已「通行南北，商賈絡繹」，從業人員達數萬人之多，爆竹莊近千家，在全國各地從事花炮經營的著名爆竹莊有贛莊（贛州）、浙莊（浙江）、省莊（南昌）、漢莊（武漢）、廣莊（廣州）等。

（三）花生油壓榨

花生又稱為落花生，明清以來，在江西廣大地區普遍種植，各地出現了花生油壓榨的手工業作坊和技術。

> （東鄉）花生取油之法，先將花生曬乾，用齒礱礱之，以風車扇去其濕，不盡又礱又扇，取肉舂碎篩之，有不碎者復舂復篩，將碎肉用甑蒸熟，下榨取油，將半提出，復舂篩之，如前取碎肉，用鐩炒熱作菇餅樣，復下搾，盡取其油，及用則煎熟和味，隨用隨煎，生油留久愈青，人爭取之，雖三年而不變味，其油食之益人，點燈無煙而明，其菇肥田，其殼則以風箱吹火，為榨店之如薪，如此則不令殼黏油，不先炙以枯油，其得油益多，而殼亦有用，今詢之東鄉之取花生油者，則不然，和殼炒炙，則殼已浸油，和殼下榨，則殼更奪油，且炒熟則油久易於變味，和殼則殼為無用，此製之不得其法也。夫樹藝利用，民生之大端，亦政教所宜及，為此詳悉示諭，即照示遵行，如有讀告示不明者，准該民人赴

署以憑面論，務使物產各盡其用，而沙地亦無廢棄，則獲利無窮，豈僅曰小補之哉！[122]

第二節 ▶ 行業習俗

在長期的發展過程中，江西各地區的不同手工行業之間形成了風格各異的行業習俗，不僅從側面反映了各行業的發展面貌，而且成為傳統時期社會文化習俗的重要構成部分。

民間行業組織各形各色，大小不一，力量也有所不同，但都是社會中的特殊組合。由於來自同一行，處於同一個集體中，民間行業組織的凝聚力非常強，他們有自己的規矩，敬奉自己的行業神，還舉行自己的慶祝活動。他們的影響是社會性的，從他們的信仰和活動中反映出來的行業習俗，構成了豐富的社會文化習俗畫卷，為我們展示了當時的手工業發展環境。

一、拜師收徒與行規

長期以來，江西各地傳統手工業在傳承中不斷發展。其中，拜師收徒是維繫各行業持續發展的前提和基礎。各行業在招收學徒的過程中，逐步形成了一系列的行業規定和習俗，表現出區域性和行業性的特徵。

---

122 同治《東鄉縣志》卷八《土產‧附邑侯周勸種花生示》，同治八年刊本。

在瑞金一帶，手工人員極重師承關係，「一日為師，終身為父」。凡來投師並未出師（又稱「滿師」）者，沒有資格在外做手藝，否則會被行會中人收去工具，逐出地盤。過去學徒，須請人作保，具「拜師帖」，做「拜師酒」；出師時，要具「圓師帖」，做「出師酒」。行進、出師儀，都要請到與師傅一脈相承的同行家，並用紅紙包「坐凳禮」給他們，表示禮到情到，從此他們便有關照徒弟的責任。學徒期一般三年，三年裡，師傅管吃、管住、管教，每年做一單一寒兩套衫褲給徒弟，不再付工資，也不管徒弟的醫藥費。每年端午、中秋、過年三大節裡，徒弟得給師傅「送節禮」。出師時，徒弟還得付給師傅一筆「師傅錢」，師傅則準備一套工具送給徒弟，並在出師酒席上，將自己飯碗裡的飯分一半給徒弟，表示有工夫做可分些給徒弟。

在萍鄉、上栗、安福、南豐等地，拜師要先行「拜師禮」，要給師傅禮金及禮品，再辦「拜師酒」。各行有各行的祖師，學徒要先拜祖師，然後再參拜師傅。師傅對徒弟提出各種應遵守的規矩，然後雙方簽押契約，拜師儀式才結束。有歌謠裡這麼唱道：「徒弟，徒弟，三年奴婢。喊你向東，不敢向西。得罪老板，屁股打爛。算盤一響，眼淚直淌。」在三年學徒期中，必須任勞任怨，絕對服從師傅，聽師傅使喚，逢年過節，家人還得向師傅送禮。學徒期滿，要做「出師酒」，酬謝師傅。師傅則將平時徒弟使用過的工具送給徒弟，以盡師禮。剛出師的徒弟，技藝不高，主顧不熟，有時還得跟著師傅「參拜」兩年，所得報酬一半歸師傅。還有一些特殊行業技藝係祖傳，只傳媳不傳女。

（萍鄉）各行學徒學藝，均需做「進師酒」、「出師酒」。學徒期多為三年，舊社會第一、二年無工錢，皆歸師傅，師傅每年給徒弟縫一身新衣服，第三年結算少許工錢。學徒期內徒弟除隨師傅出門做工外，還需幫師傅做家務和農活。出師時，多數師傅給徒弟贈送一套工具。徒弟則逢年過節登門送禮，以示不忘傳藝之恩。[123]

　　（上栗）各行學徒學藝，均需做「進師酒」、「出師酒」。學徒期多為三年。民國前，學徒一般第一、第二年無工錢，工錢全歸師傅，師傅每年給徒弟縫一身新衣服。第三年結算少許工錢。學徒期內徒弟除隨師傅出門做工外，還需幫師傅做家務和農活。出師時，多數師傅給徒弟贈送一套工具。徒弟則逢年過節登門送禮，以示不忘傳藝之恩。[124]

　　在東鄉縣，民國以前的手工業收徒規定只收男徒，學徒期限為三年。學徒工在確定師傅後，要選擇吉日包上紅包和酒肉禮品等拜師。學徒期間，徒工所得都歸師傅所有，學徒期內有師傅發給其每年收入。學徒期滿出師，還要舉行謝師禮。新中國成立後，特別是十一屆三中全會以來，許多習俗得到延承，但只收男徒的舊規被打破，出現了大批女徒。

123　《萍鄉市志》第四十七篇《生活‧風俗》第二章《風俗》第一節，生產習俗‧拜師，方志出版社 1996 年版。
124　《上栗縣志》第三十九篇《風俗習慣》第一章《生產習俗》第三節，手藝習俗‧拜師，方志出版社 2005 年版。

民國以前，縣內手工行業帶徒，不論藝業輕重繁簡，只收男徒，不帶女徒。學徒期限一律三年。師徒關係一經認定，徒弟必擇吉日，紅布包錢（包括尚教錢和押金）及酒肉禮物奉獻給師傅。學徒期間，徒工勞動所得，悉數歸師。師傅在第一年只給徒工全年收入的七分之一，第二年三分之一，第三年二分之一。中途退出另從他師，入門時所交押金不退還。三年期滿行謝師禮，師傅退還押金。新中國成立後，個人帶徒的減少。黨的十一屆三中全會以後，個體手工業戶，沿用舊俗帶徒，並出現大批女徒。[125]

在九江、修水、浮梁、南豐、貴溪、安遠等地的手工行業中，學徒拜師學藝也有一套相似的程序，如學藝前要寫拜師貼和請拜師酒（也稱「進師酒」），出師時要做出師酒（也稱「謝師酒」）。在安遠縣，拜師禮宴開始前，徒弟跪拜祖師靈位和本門師傅，向師傅呈送師禮，進師禮為三十六數，意為三十六行，行行出狀元。還要給赴宴師傅每人落謝紅包一個。學徒期一般為三年，在此期內每年的端午、中秋和過年都得給師傅「送節禮」，平時還要承擔師傅家的家務勞動。第一年、第二年學徒基本上是沒有工資，師傅只管飯，第三年師傅才會給少量工資。三年學滿出師時，師傅贈送徒弟一套生產工具，脫師後有的還要幫師一

---

125 《東鄉縣志》第二十三編《風俗志》第四節，生產習俗・帶徒弟，江西人民出版社 1989 年版。

年，等等。新中國成立後，有些舊習還得到延續。

（九江）舊時，凡需從師學習木、篾、鐵、泥水、理髮、縫紉等技術的徒工，必先辦拜師酒，交敬師錢。學徒期一般為三年，師傅只供徒弟伙食和理髮費。期滿須辦出師酒，方可受聘於人或獨立開業。今有革有從。[126]

（修水）舊時學徒學藝較嚴肅，有「欲學藝，先做人」之說。學藝前須寫拜師帖和請拜師酒。學徒期多為三年，端午、中秋、過年三節須向師傅送禮，平時要給師傅做一部分家務勞動。學徒頭年賺飯吃，第二年由師傅給點零用錢，第三年則分給微薄工資。學徒脫師須辦脫師酒。脫師後有的還要幫師一年，作為報答師傅，師傅則分給適當鄉門和一套生產工具，讓其獨立做藝謀生。新中國成立後，學徒學藝方式發生了變革，除向師傅學外，還向書本學，多能青勝於藍。同時提倡尊師愛徒，形成新型的師徒關係。[127]

（南豐）家貧無力上學的青少年拜手工業勞動者為師，須辦拜師酒，行拜師禮，從師期限一般為三年，習藝期間，師傅只管膳宿，還要為師傅家裡做些家務。出師時必辦酒宴謝師傅和同業老輩。出師後須在師傅家幫工一至數年，工資

126 《九江縣志》第十七篇《生活、習俗》第三章《生產規約・拜師》，新華出版社 2001 年版。
127 《修水縣志》卷三十四《風俗習慣》第一章《生產習俗》第三節，手工業生產習俗。

甚微。新中國成立後拜師學藝已無此類苛刻待遇。[128]

　　（浮梁）舊時，縣內少年投師學藝，首先呈上拜師帖，置拜師酒席。徒弟在師父家，除參與學藝勞作外，還要負擔師傅家許多雜活。每年端午、中秋、除夕給師傅家送節。學徒期一般為三年。期滿後，還要幫師傅一年（只拿微薄工資）。到期別師另行謀業時，師傅向徒弟贈送一套工具，徒弟家要設謝師酒席。新中國成立後，此習逐漸改變，現已基本廢除。絕大多數青年學藝由各類技術學校或培訓班、職業學校進行培養。[129]

　　（貴溪）手工業學徒，俗稱「學手藝」。舊時，學藝者多為無錢上學，無門經商的貧家子弟。師徒關係確定後，要備辦酒席「請師傅」，並按約支付一定數額的「尚教錢」。學徒期一般為三年，第一年師傅很少授藝，徒弟多是幫師傅做家務雜事。學藝期滿稱「出師」，到時須宴請師傅和同業長輩，以示謝意。「出師」後可獨立開業，也可隨師傅同做，稱「伙計」，有少量工薪。新中國成立後，手工業學徒基本沿用舊習，但可以收女徒。八〇年代以後，隨著生活節奏加快，學徒期可以協商，有半年、一年至三年等多種。[130]

128　《南豐縣志》卷三十《風俗宗教》第一章《風俗》第一節，生產習俗·學藝，中共中央黨校出版社 1994 年版。

129　《浮梁縣志》第二十七篇《社會風土》第二章《民間風俗》第四節，生產習俗·社會風範·學藝，方志出版社 1999 年版。

130　《貴溪縣志》卷二十八《風俗》第四章《生產習俗·手工業學校》，中國科學技術出版社 1996 年版。

其他手工行業從業人員也都有各自的行業規範，遵守著職業的操守。如手工藝人往往有強烈的「地盤」的觀念。《瑞金縣志》是這樣記載有關「地盤」的行規的：手工藝人做工夫有相對穩定的地盤，旁人插足，必須先徵得現有者的同意、許可，否則就犯了江湖規矩。如裁縫一開年在某村或某縣承接了工夫，這一年內他便有優先權在這裡做到底。遇到別人中途插足，他可以請來當地所有同行吃酒公斷，酒錢則要插足者付。外地師傅來本地尋工夫做，首先要到本地行會交涉，或經與本地師傅「通江點」，得到允許後才可開張營業。

　　江西製瓷業較為發達，其中以景德鎮最為典型。當地行規眾多，形式複雜，在不同的環節有所不同。瓷業生產的行規，主要表現為對原料燃料分配、產品價格、老板、雇工及學徒的義務、待遇規定等方面。

　　如窯戶開業中存在著「寫車簿」的規約，對窯戶老板的雇傭權力進行約束。具體表現為窯戶開業前，要向坯廠「上街師傅」登記，把做幾乘作車（做坯轆轤車）、幾乘利車（修坯轆轤車）寫上賬簿。以後雇用裝坯工，要永遠屬於這個幫。工人上工，也要先找上街師傅寫「車簿」，開列製造的各色範圍，不能隨意更動。「車簿」寫好後，要蓋上「五府十八幫」長形木印。寫車簿要收費，本幫交費五元，外幫交費十元。

　　另外，在瓷業生產內部也存在一些行規，如燒窯、做坯、紅店、瓷行以及五行頭（匯色、把樁、包裝、打桶、打絡）等行業一次交易後，即為「賓主」關係，長遠相傳，不得更替，甚至有父傳子、子傳孫的世襲慣例。如果一方（主要是賓方，即客方）

違反了這慣例，便會受到挾制，行會也出面干涉。

> 鎮官民窯戶，每窯一座需工數十人，一有所拂，輒哄然停工。雖速須貨不計也，白土客把尤甚。窯戶不合，客遂齊禁，而無一人敢以貨售戶，牙行不合，遂齊客禁，而無一人敢以貨投牙。此又鎮俗之最刁者。[131]

在瓷器搬運業中存在著「買扁擔」等多種行規，帶有明顯的剝削性質，反映了舊時當地搬運業民眾的社會生活概況。搬運一行過去為封建把頭所操縱，工人要挑運，必須拿出兩塊銀元向把頭買挑運權，叫做「買扁擔」。把頭還要「搭扁擔」，即抽搬運費的三分之一。一年開始挑貨那天，搬運工人要拿紅紙包錢送給把頭，叫「發市包」。

景德鎮的瓷業生產主要分為做窯戶和燒窯戶兩大類，向例「做者不燒，燒者不做」。在燒窯戶中，形成了由窯房燒煉工人組成的童慶社行業組織，而該組織又存在著「開禁」的行規，即招收學徒，以二十年為一屆。開禁帶徒可以上名冊，上了名冊的徒弟在窯內做工，可以從「小伙手」遞升為「把莊師傅」，稱為「長做」。而沒有上名冊的稱為「散做」，只能做「一伙半」、「二伙半」和推窯弄等雜事，不能頂從小伙手做到把莊的正式崗位。另外，燒窯戶中也存在著「禁窯」的習俗，即燒窯戶進行聯合，

131　道光《浮梁縣志》卷二《風俗》。

硬性規定停工或提早停工，減少燒窯次數，舊曆年終至翌年三月的停工稱「禁春窯」。期間，全鎮瓷窯皆停止燒窯。窯戶當中還存在著一種剝削工人的「買位置」的行規，即燒窯工人到窯上做工，窯戶不但不給燒窯工人工資，反而要燒窯工人交納一筆錢給窯主，稱之為「買位置」。這樣才能取得在窯廠做工的權利，否則就不能做工。這筆錢數目的多少，視窯工的等級和位置而定，最多的是把莊、拖坯、架表，其次是二伕半、三伕半、小伕半。而燒窯工人也可通過一些行規，將這筆開支轉移到做坯戶頭上，主要如「包子錢」、「酒錢」、「高二帽」、「吹灰肉」等等名目。做坯戶除了應向窯戶交納一定的燒煉費以外，還要花這些額外的費用，自然要提高瓷器價格，把負擔轉嫁給消費者。

作為專門修造和修補瓷窯的窯店行業中也存在著一些成俗規定，如窯一次兩吊錢左右，需用「十碗頭」酒席招待。其規矩有兩條，一是請何處窯不得隨便選擇，要看空腳在何處；二是主人相送，不能說「師傅好走」，否則第二天不能窯了。

在舊時景德鎮瓷業生產過程中，關於瓷器生產工人的工作期限、年節假日、辭工退工以及加班生產等方面也形成了一系列的規定習俗。如每年的農曆二月十二日為工人開工之日，這一天在民間視為花神生辰日，也稱之為「花朝」日，因而有「花朝起手」的規定。而至農曆十二月十三日，是瓷業工人規定停工的日期，工人停止做坯，故而叫「歇手」，復工要到來年「花朝」日後。由於停歇期較長，在實際生產過程中，由於各方面的因素影響，又存在著一些特殊的規定習俗。

如面對「花朝起手」的行規，如果當年生意興隆，瓷業老板

會向工人提出提前開工，稱為「春窯」。但是如果工人不同意開工，則老板不能勉強。「花朝」日當天工人來齊後，而老板卻因某種原因不能按時開工，則要負責工人伙食，並且要同工人協商推遲開工日期。如果推遲的時間較長，還要負擔工人誤工損失。開工時，老板要擺「起手酒」，請工人吃飯，二月份的工錢又稱「起手錢」。

除了上述規定習俗外，當地瓷業工人中還存在著端午、中秋、十月等不同節假日習俗。農曆五月初五日是傳統的端午節，瓷廠會停工放假三天。端午節這天，老板要供給工人粽子兩只、鹹蛋兩只及八人一桌的「雄黃酒」；菜餚有豬肉、鹹魚、黃花、木耳、海帶等十樣菜的「十碗頭」；豬肉每人半斤；弄好的菜用三大藍邊碗盛著，供工人食用。工頭、裝坯、選瓷、運輸工人是在老板家中吃酒，菜餚比坯坊工人稍為豐盛些。

瓷業生產中，七月以前基本是淡季，而到了農曆八月間，各地客商都紛紛來鎮購買瓷器，瓷器銷售頓時轉入旺季。加上這時正值秋高氣爽，瓷坯容易乾燥，工人也把這段時間看做黃金季節，認為是否掙錢，就要看這幾個月的收入，因而該行有句俗話為「七死八活九翻身」。由於生產緊張，故而中秋節只放假一天。老板在這個節日，除像端午節那樣供應「十碗頭」的菜餚外，還向每人供應月餅半斤。

諸多的行規是維護瓷業行會內部利益，保證行會功能機制和組織協調內部人際關係的「法律」。依靠行規這種習慣法和機制，不少瓷業行會組織儼然具備了行政職能，攤派官差，議定價格，代催稅款，調解同業糾葛，成為組織、管理、壟斷的職業集

團。

　　浮梁縣景德鎮瓷業各行，均有習慣，絞草幫亦其一也。
該絞草幫習慣，如一新客到鎮，買瓷歸何人承攬絞草，永遠
即為何人世業，該客之子侄即為添枝發葉，亦為該原承攬人
之絞草，別人不得侵奪，且可將絞草之戶，立契買賣，名曰
絞草幫。[132]

　贛縣皮箱生產行業也存在著一系列行規，如在道光七年
（1827）和民國七年（1918）曾先後由慶榮社和永榮勝社商業組
織指定公布一系列的行規，具體如下：

　　皮箱行慶榮社公議條規（道光七年三月）：當思百工之
藝，各有行規，唯吾等皮箱手藝，向無章程，竟有外來司
務，混亂行規，是以爰集同人，酌定條款，毋得仍蹈前轍，
庶幾外司務不得魚目混亂，自議之後，務須踴躍同心，永遵
公議，毋得混亂，倘有徇情隱匿者，日後查出罰戲文至少一
敬神，決不容貸，勿謂言之不先也，是為引，今將所議條
規，開列於後。
　　一、議新來徒弟，進師上社邊四元正，出師之日，幫用

132 《中國商業習慣大全・商人通例》第一章《商人》，第十三類・同行
營業之限制，民國三年三月三日。

邊一元正，進師之日，即交值年首事，另加邊五毫正，以備中元資用。

二、議各號帶徒弟，務要三十個月為滿，方可再帶，如有三十個月未滿，各店再帶徒弟者，上社邊十元正。

三、議外來司務者上社邊十六元正，先交錢，後做工夫，即交值年香首，收存公用。

四、議各店司務，毋許裁料，在外做貨，倘有在外做貨，罰邊二元敬神。

五、議零工每日工資邊一毫五絲，長零工每夜工五絲另，晚酒錢二十文，毋許包月，如有包月者罰邊二元正，本店司務隱匿者，日後查獲，罰邊四元正。

六、議逢社期在店不做社者，幫香邊五毫正，歇業者幫香邊二毫正。

七、議逢社期值年香者首，發社票，打到字，無催無請。

八、議外行老板一概不准做貨，如有做者，上社邊十六元正，先交邊，後做工夫，本店不報者，罰邊二元四毫正，存公獲神。

九、議長年司務毋許三節開發，倘有老板三節開發，要一年工資錢，司務辭老板，一年工資錢全無。

十、議司務晚酒錢，毋許並工錢在內，倘有不遵者，罰邊三元二毫正，交值年首事，收存敬神。以前議定章程，如有不遵者，罰戲一台敬神。

十一、議會期皆因派份，拖欠不清，尚無一定章程，邀

集合行公議一定章程，每逢會期，預先發會票後，立到單，如若做會打到字，收銀派份若干，到字限至三月初二日止，議定之後，各宜踴躍，同行公議，右啟。[133]

皮箱行永榮勝社重整舊規（民國七年二月）：竊維規章未立，則弊竇業生，頹風不整，則虧累日甚，雖然古之造化有定，實出於人心之自愛，吾等皮箱一業，本小利微，店僅十餘間，在昔前輩，雖無一定之規，究有獲利之實，況今皮本騰貴，工食驟增，只圖生意旺相，不顧耗虧資本，且上年有等皮囊假箱大小貨物，任意做底，蹧射減價，以致連年稱若有不能相保之勢也，且各店人等故意出外做貨，嗣後務宜恪守舊規，如違查出公罰，以為鑑戒，爰是邀集同人，公眾酌議，務宜貨真價實，遠近馳名，仕商聞風，源源而至，吾等僅圖工食之資，所有本行，奏賣大小貨物，均照市人價確定，嗣後仍遵原議，務宜久守，如敢任意故違，允邀聯名稟究，慎勿自悮，吾等同心恪守，永矢勿替，是為引，謹將議定舊規列後。

一、議新開店本、外行，上會花邊十四、十六元，內外行合夥上社花邊八元，遇有改牌打記添姓，均照所議。

二、議本店大小貨不准故做皮囊假箱等件，如違查出，將貨當眾焚燒，公罰戲文全部，懸單敬神，如該店之人，隱

133 《中國商業習慣大全・商人通例》第一章《商人》第十四類・商業行規。

瞞不報者，每人罰錢一串文，歸慶榮社首事追收，倘有報信確實，給洋一元，均由做貨之人負擔。

三、議本行司務老闆，不准出外做貨，公同應可，嗣後如有私行在外做貨者，查出公罰花邊四元，報信確實，給洋二元，均由做貨之人負擔，如該店知情不報，另罰花邊二元，歸慶榮實首事追收。[134]

此外，還有一些季節性上門做工的手工業，如木工、泥工、水工、建築及縫紉工等，常稱這些人為手工藝人或匠人。在上戶做工時，也有許多規定。

（修水）農村手工業者，以上戶做工為主，流動性大，生產項目多，因此技術要求比較全面。且同行互爭鄉門（請工匠的人家），手藝不精者還得兼營農業。

舊時做手藝講究信義，上戶做藝多以一年為期，中途不易主顧，有的成老鄉門，工資結算多以一年為期，做工時有嚴格日工要求。工匠之間講義氣，過境行藝，先須拜會本行頭領，若只路過，可享受三天客飯和三天客事（做手藝）待遇，臨別時還贈路費。若要久留做藝，則須納股金入會，農

134　《中國商業習慣大全・商人通例》第一章《商人》第十四類・商業行規。

村進城行藝，亦要加入行會，否則只能做幫手。[135]

　　（萍鄉）鄉間工匠上門做工，一年一定，工錢按端午、中秋、年關三次登門收取。不付清工錢，第二年不能換人。各行藝匠做工規矩甚多。木匠被尊稱為「博士」，以五尺挑工具，進雇主大門換左肩挑。左腳先跨門檻，工具箱放在廳堂方桌上，將書有「魯班先師」的「五尺」置於廳堂左上方，切忌倒置。木匠所做物什分兩種：一曰做喜料，包括門架、床、櫃、箱等；一曰壽具即棺材。做喜料，進門與完工之日必辦席面。辦嫁妝、裝豬欄、做搖籃等必煮湯碗（雞蛋、麵），賞賜紅包。新屋完工喜慶，主家需宴請泥木二匠，並發紅包小禮以示感謝。理髮匠替人理髮，只能從左邊理到右邊，洗頭需雙手進行，稱「雙龍戲水」，切忌一手摸頭，一手潑水洗，謂之「牽牛吃水」。鋸匠工具多有代名詞，如稱斧頭為「開山」，大鋸為「過山龍」，削刀為「一字」，搭架鋸料為「上馬」。[136]

　　（安源區）舊時鄉間工匠上門做工，主要有木匠、磚瓦匠（俗稱泥水匠）、縫紉匠（俗稱裁縫）一年一定，工錢按端午、中秋、年關三次登門收取，不付清工錢，次年不能換人。木匠做喜料如床、櫃子、箱子、門架，工匠進門與完工

135　《修水縣志》卷三十四 《風俗習慣》第一章 《生產習俗》第三節，手工業生產習俗。

136　《萍鄉市志》第四十篇《生活‧風俗》第二章 《 風俗》第一節，生產習俗。

之日主家必備宴席款待。置辦嫁妝、做搖籃、裝豬欄，主家必備湯麵、賞紅包。新屋竣工喜慶，主家需宴請泥木二匠並賞予紅包。農家雇請工匠，款待力至周到，席間膳食豐盛，上下五工間配備點心招待工匠。[137]

二、行業神與祭祀

江西歷史上工商業發達，行業眾多。各行各業為了同業的結合，排斥競爭，往往形成行會公所。同時，工商從業者忙碌於逐利的過程中，難免產生種種焦慮，希望求得生意順遂。順應這些需要，行業神信仰應運而生。

江西舊時最著名的手工行業——瓷器行業內部，就流行各式行業神的崇拜。在瓷都景德鎮，業主與工人都奉趙慨為製瓷業的「師主」。據說師主趙慨是晉朝人，曾被封萬石，「爵視侯王」，有「道通仙秘，法濟生靈」的本領：

> （景德鎮）師主者，姓趙，名慨，字叔朋。嘗仕晉朝，道通仙秘，法濟生靈，故秩封萬石，爵視侯王，以其神異足以顯赫今古也。[138]

---

137 《安源區志》第三十三卷《民俗宗教》第四章《生產習俗》第二節，工商習俗，方志出版社 2006 年版。

138 道光《浮梁縣志》卷九《祠祀‧師主廟》，道光十二年補刻本。

對在與風火討生活的製瓷和燒陶工人來說，在技術條件尚不足以達到對火力控制的情況下，燒窯若沒有神的護佑將是十分困難的：

> （浮梁）人天地間生育民物唯五行，五行之運各有神司。陶司於火，取成於烈焰鍛爍之中，人奚容其力。非神之功，其曷能濟？雖器以供上朝廷之福，貺宜俟於神。[139]

因此，景德鎮從明洪熙年間開始，就建有專門的師主廟。開祭之日，不僅參與製瓷的各群體都來頂禮膜拜，負責監督御窯的官員也會「遣官致祭」。景德鎮製瓷業對師主趙慨的崇拜一直盛行，到了清代，有「五月節迎師主會」之大規模祭祀活動。道光《浮梁縣志》卷二一《藝文》。

景德鎮製瓷業還盛行華光神崇拜。以手工製瓷時代，窯溫最難控制，而窯溫是使瓷器成形的最主要階段。由於窯溫控制不力，景德鎮瓷器生產曾數度陷入窘境：

> （景德鎮）有陶廠，以陶器貢京師。或時限迫而器不良，督陶使瀕危殆者，數惶懼致禱，然皆賴國家威靈，百神呵護，器得利用。[140]

139 道光《浮梁縣志》卷九《祠祀・師主廟》。
140 道光《浮梁縣志》卷二十《寺觀》。

在景德鎮，從事瓷業者為了控制窯溫，只好向神靈求助。當時有所謂「華光神」，又稱「靈官華光」、「五王」者，極為靈感：

> 若陶範型於土，人力可為。既入冶中，煙燎變幻，不可豫測。造化甄陶，有默司焉。匪神之為靈至是耶！[141]

由於有保障燒窯之功，華光神被瓷業者大為崇祀。「廠東故有華光廟，民所倚庇。」嘉靖年間，華光廟被改為公署，但瓷業者「猶嚴事之，不敢忘」。隆慶年間，「陶務日急」，而製成的瓷器質量又不合格，業者擔心受到重罰，共同向華光神求助，不久之後，緩期改製瓷器的要求果然得到了批准：

> （浮梁）隆慶五年，陶務日急。職司以器不中度，且逾限為憂。民又共禱於神。無何，巡撫中丞徐公請改式寬期。及牒下，如所請。民益喜曰：茲神貺大矣。[142]

明代的陶工童賓（「風火仙」）則是製瓷工人所崇拜的對象。童賓生活在萬曆年間，朝廷派造「大器」，但久久不能製成，而限期將至，官府的責罰越來越嚴。於是，童賓許願「以骨作

141　道光《浮梁縣志》卷二十《寺觀》。
142　道光《浮梁縣志》卷二十《寺觀》。

薪」，毅然躍入窯中。次日啟窯，果然造成了大器，萬曆間在景德鎮為童賓立有火神廟。據清人唐英的《火神童公傳》：

（景德鎮）神姓童氏，名賓，字定新，饒之浮梁縣人，性剛直，幼業儒，父母早喪，遂就藝。浮地利陶，自唐宋及前明，其役日益盛，萬曆間，內監潘相奉御董造，派役於民。童氏應報火族，人懼，不敢往，神毅然執役。時造大器，累不完工，或受鞭箠，或苦飢羸。神惻然傷之，願以骨作薪，勾器之成，躍入火。翌日啟窯，果得完器。自是器無弗完者。家人收其餘骸，葬鳳皇山，相感其誠，立祠祀之。[143]

據說後來造大器時，又「每見神指畫呵護於窯火中」[144]。童賓信仰因而受到更廣泛的傳播，至清代景德鎮有「六月還拜風火仙」的大規模祭祀活動。[145]

舊時江西藥店都供奉趙公元帥、藥王孫真人、觀音大士三尊菩薩等。師傅經常告誡徒弟說：「清晨早起要思量，爽快穿衣急下床，抹鍋洗灶宜潔淨，洗面裝香敬藥王。」做徒弟的，每日早晚都要裝香敬神。

143 光緒《江西通志》卷七七《建置略四‧壇廟五‧饒州府》。
144 光緒《江西通志》卷七七《建置略四‧壇廟五‧饒州府》。
145 道光《浮梁縣志》卷二一《藝文》。

在江西藥幫的兩大主要構成地——樟樹、建昌（今南城）藥材行業中，舊時也存在著許多行業神崇拜信仰。由於藥材主要是用來治病救人，因而當地行業崇拜神主要是歷代被神化了的名醫。

樟樹、建昌藥幫的活動中心為三皇宮，宮內正殿中供奉的是伏羲、神農、軒轅和歷代神醫妙手。其次序在祭祀歌詞中說得很清楚：「伏羲居首二神農，三代軒轅黃帝宗；扁鵲神功居第四，五名華佗妙神功；仲景居六七叔和，唯一先生八代中；第九時珍天士十，十一位是皇甫公；太極仙翁居十二，孫思邈居十三宮。」[146]可見，江西藥幫的行業神眾多，其中如扁鵲、華佗、李時珍、孫思邈等都是名震一時的神醫，而「太極仙翁」則是道家對葛玄的尊稱，他曾在樟樹閣皁山採藥煉丹、治病救人，其玄孫為東晉時的著名醫學家、煉丹術家葛洪則在南城麻姑山採藥煉丹，號稱抱朴子，開了建昌製藥業的先河。史載：

> 葛洪，字稚川，丹陽句容人也，自號抱朴子。究覽典籍，尤好神仙道養之法。洪見天下已亂，避地南城麻姑山。有葛仙丹井相傳，洪於此煉丹，故名。[147]

---

146 余悅、吳麗躍主編：《江西民俗文化敘論》，第五章《樟樹藥俗：民族醫藥輝煌史》，第 188 頁。

147 道光《南城縣志》卷二五《仙釋志》，道光六年刊本。

唐代醫學泰斗孫思邈，在樟樹、南城藥業中的地位極高，號稱「藥王」，在樟樹、南城還專門建立了藥王廟供奉他。藥幫中家家都有藥王神位，老板收徒（師傅傳藝）時，學徒要在神位前焚香明燭、作揖磕頭。每年從農曆四月二十八日（這一天是孫思邈的生日）起，樟樹、南城兩地藥王廟都會舉行盛大的廟會活動，各行號分別聚餐慶賀，並請來名戲班演戲，熱鬧非凡。在廟會活動上，藥商們也進行中醫醫療經驗的交流，並調劑餘缺中藥。這一盛會又被稱為「藥王會」，是由民間職業信仰衍生出來的專業活動。另外，每逢除夕，各店家還必須到三皇宮內張燈點燭，焚化紙錢，向藥王禮拜辭歲。大年初一，藥界同仁齊聚三皇宮團拜，恭賀新禧。

　　江西藥幫對孫思邈的信仰不僅表現在把他當做神明來祭拜，還表現在對他作為一代名醫，孜孜不倦的治學鑽研精神和「人命至重，貴有千金」的優秀品德的繼承。這是其行業崇拜的重要組成部分。

　　江西是中國茶葉的主產區，茶業內盛行茶神陸羽的崇拜。在江西上饒市廣教寺內，至今仍保存著著名的「陸羽泉」。據說陸羽曾在此寓居多年，自號「東岡子」。在隱居期間，陸羽開闢茶山，寫下不朽名著《茶經》。由於於陸羽對茶的研究的特殊貢獻，陸羽死後被奉為「茶神」，業茶者以陶形陸羽像祀之：

　　　　性嗜茶，環居植茶，因號茶山。嘗著《茶經》三篇。嘗

茶者陶羽形，目為茶神祀之。[148]

江西文化自古發達，尤其是戲曲文化更是聞名於世。著名戲劇家湯顯祖曾在撫州一帶創作過多部影響深遠的戲劇名著，扶持當地優伶的成長。受到湯顯祖特別關照的江西「戲窩子」宜黃一帶，當地優伶眾多。尤其是在譚綸引進「浙人」「教其鄉子弟」，以「海鹽聲」改革宜黃戲曲後，優伶人數更多：

> 此道有南北。南則昆山之，次為海鹽，吳、浙音也。其體局靜好，以拍為之節。江以西弋陽，其節以鼓，其調喧。至嘉靖，而弋陽之調絕，變為樂平，為徽青陽。我宜黃譚大司馬綸聞而惡之，自喜得治兵於浙，以浙人歸教其鄉子弟，能為海鹽聲。大司馬死二十餘年矣，食其技者殆千餘人。[149]

這些優伶也有自己的行業神，即「戲神清源師」。相傳，清源祖師是修建都江堰的蜀郡太守李冰的次子，稱「灌口二郎」，「以遊戲而得道，流此教於人間」，但一直沒有專祠祭祀，僅是開戲之際稍加儀式性的酬酢而已：

148　嘉靖《廣信府志》卷十八《人物志·遊寓》。

149　（明）湯顯祖：《宜黃縣戲神清源師廟記》，《湯顯祖集》，徐朔方箋校，中華書局1962年版，第1128頁。

予（湯顯祖）聞清源，西川灌口神也。為人美好，以遊戲而得道，流此教於人間。訖無祠者。子弟開呵時一醪之，唱羅哩嗹而已。予每為恨。諸生誦法孔子，所在有祠；佛老氏弟子各有其祠。清源師號為得道，弟子盈天下，不減二氏，而無祠者，豈非非樂之徒，以其道為戲相詬病耶？[150]

　　為紀念清源祖師的教導與功績，優伶界也提倡建造祖師祠宇，他們將此事商之於湯顯祖，決定以清源師為主神，配以田、竇二將軍：

　　聚而念於予曰：「吾屬以此養老長幼長世，而清源祖師無祠，不可！」予問：「倘以大司馬從祀乎？」曰：「不敢。止以田、竇二將軍配食也。」予額之。[151]

　　湯顯祖希望他們能契會「清源祖師之道」，繼承譚綸改革戲劇的精神，「使舞蹈者不知情之所自來，賞嘆者不知神之所自止」。此後，宜黃優伶界又建有多處祠宇。據宜黃縣的文物普查，直到「文革」前，在宜黃河西岸宜水與黃水的交匯處，尚有一處「社公廟」，常有戲人在此拜神、唱戲。這裡的「社公廟」，可能是戲神廟，也可能是社公（土地神）與戲神同處一室之所

150　（明）湯顯祖《宜黃縣戲神清源師廟記》。
151　（明）湯顯祖：《宜黃縣戲神清源師廟記》。

在。

　　江西瀕江抱湖，歷史上漁業發達。漁民們為保打魚順利，或養魚順利，也有自己的行業祭祀活動。如宜春一帶以六月六日為「鄱官節」，這是養魚行業的節日：

　　　　（宜春）六月六日為鄱官節，種園養魚之家，多祀之。治具宴客，謂之鬧鄱官。士夫之家曝書籍衣服於庭，可免蟲。[152]

　　各行手藝人也往往組成行業性組織，祭祀本行祖師仰。如南城一帶的木石磚瓦等行工匠，曾在嘉慶年間創建魯班殿，並構有廟後店屋二所，為常年「祀費」。[153]萬載一帶也有專門祀奉魯班的祭祀場所，稱為顯庸廟。[154]

　　在江西理髮業中，主要存在著羅真和呂洞賓兩個行業神崇拜。其間的原因從一個流傳在贛州市、瑞金縣一帶的傳說可以得知。

　　不知是哪個朝代的皇帝頭上長了三隻蝨子，久而久之，皇帝嗜癢成癖，頭上不能少了這三隻蝨子。這就給理髮師出了難題。許多理髮匠都因為在給皇帝理髮時不小心弄掉了蝨子而被殺死。

152　民國《宜春縣志》卷十二《社會志・禮俗・歲時習俗》。
153　同治《南城縣志》卷四《典秩志・祠廟》。
154　民國《萬載縣志》卷二之三《營建・祠廟》，1940 年刻本。

怨氣衝上天庭，呂洞賓受命下凡調查，他找到年長藝高的羅真，拜他為師學藝。當輪到羅真進宮為皇帝理髮時，呂洞賓代師出行，找出解決問題的辦法。後來，他回到羅真那裡，要他轉告全天下的理髮匠，隨後就化作青煙去了，眾人方知是神人相助，於是將其奉為祖師，同時其師羅真也被尊為祖師。

另外，南昌市的錢鹽業不論大小行幫，都敬奉趙公菩薩，每家店中都設有財神爺的神位，每逢趙公生日都要到廣外趙公廟大搞祭祀活動。

從這些行業崇拜，尤其是對行業神的崇拜中可以發現幾個顯著的特點：

一是存在著「一業多神」的現象。相當多的行業同時供奉幾個行業神。景德鎮瓷業中，從童賓到趙慨，從華光到天後娘娘，從蔣知四到高嶺土神，諸多行業神地位相當，無明顯的主次之分。樟樹藥幫也有十三位行業神共受後人祭祀。

二是也存在「一神多業」的現象。如魯班就同時是木匠和泥水匠的祖師，也有說是篾匠的祖師的；軒轅氏作為行業神在裁縫業和樟樹藥業中都出現了；呂洞賓也身兼數職，同是理髮業和銀器業的行業神。

三是行業神的組成較為複雜。一般有以下幾種情況：由人而變行業神的，如童賓、趙慨、蔣知四都屬這一列；本身就是神仙的，像華光，在通俗小說中是以佛教中神的面貌出現的，而呂洞賓、太上老君更是為人們所熟知的神仙；還有從外地引進的客籍神，天后娘娘就是這一類神，她不是被景德鎮陶瓷工人當做祖師神來膜拜的，而是屬於保護神，保護瓷商行船安全，也保護瓷器

銷售道路的通暢。

四是這些神靈都與各自的行業有關聯。童賓、蔣知四都是因為本行業的工人們謀利益而犧牲自我的，趙慨的製瓷技藝超群，高嶺土神曾指點工人找到好瓷土，太上老君和呂洞賓據傳說也都幫助過各自行業的人。於是這就使他們區別於一般的民間供奉，從而具有行業性的特點。

五是對祖師神的要求並不嚴格。有許多神靈人物並非其行業的首創者。一般說來，行業祖師當為該行公認的行業開創人。從陶瓷業的歷史來看，童賓、趙慨都不是這一行的開創者，但童賓的忘我獻身精神和趙慨的「道通仙秘，法濟生靈」的技能都是陶瓷工人所需要的，所以被當做祖師崇拜起來。而太上老君因為會煉丹，進而推測出他也善於打鐵，更是附會之說，將其當做鐵匠的行業神、祖師神也是沒有什麼事實根據的。神為人造，行業神也是從業人員根據自己的需要和標準，從已知材料中選擇對象打造出來的，所以像蔣知四這樣的普通瓷工也能由人而神，還享受祖師神的待遇。

三、禁忌習俗

江西各地區民間手工業在長期的發展過程中，各行業中受本行業行規及生產技術和人們認識水平等眾多因素的影響，因而在生產過程中產生了許多生產與禁忌習俗。

在九江地區，過去農村榨油和燒窯行業中存在著一系列的禁忌習俗。如建榨油坊、砍榨筒樹和首次開榨，須分別祭祀土神、山神和榨神，以祈生產安全，經營順遂。尤忌打油的撞尾指向居

民，俗信「不怕撞頭打，只怕撞尾拖」，有犯必拖窮住戶。如今土榨方式已經淘汰，舊的習俗都已不復存在。燒窯行業中，過去打窯窩和首次點火燒窯，須分別祭祀土神和火神，以免災異。尤興窯門向南，因「南方丙丁火」，火上加「火」，越燒越旺；切忌窯門朝北，因「北方壬癸水」，水火不相容，窯會燒壞。同是忌說「黃」，因磚瓦呈黃色即廢品。目前基本上都已廢除。[155]

工匠禁忌頗多，最重數字。如做床不離三，取靠山之意。做屋不離九，取長久之意。做畜門不離六，寓六畜興旺之意。做出家人的床尺寸逢單，表示永尊清規戒律；做俗人的床尺寸逢雙，願雙雙白頭偕老。衣扣要單忌雙，依「有吃有吃」推算之。招待藝匠忌吃三碗和五碗菜，傳說三碗菜待乞丐用，五碗菜待強盜用。[156]

在廣昌縣，清代各行業於夏曆每月朔望之日祭祀祖師、趙公明元帥，祭畢分吃「祭肉」，名曰「打牙祭」。民國時祭行業祖師之俗逐漸廢弛，老板為安撫店員學徒，於每月初一、十五日給每人增加四兩（125克）豬肉「打牙祭」。一年中新年初二日「起牙」，店主請幫工飲酒，表示當年仍然聘用，臘月吃年夜飯叫「完牙」，幫工如被店主請坐上席，即表示來年辭退，新中國成

155 《九江縣志》卷廿八《生活風俗》第二章《民間風俗》第三節，生產規約，北京新華出版社 1996 年版。

156 《修水縣志》卷三十四《風俗習慣》第一章《生產習俗》第三節，手工業生產習俗。

立後，行業舊規均已革除。[157]

在萍鄉地區，過去許多手工行業中也存在著「打牙祭」的習俗。城鎮中如鞭炮作坊、食品店坊、生意店等作坊雇請手工業者，被雇者由作坊或店主所供給的伙食極差，每月初一、十五兩日中午改善伙食，每桌有兩碗肉，兩碗豆腐，稱「打牙祭」。端午、中秋二節和「祖師誕辰」才設宴犒勞。農曆十二月二十三日收工，二十四日團小年，被雇者如請坐上座，寓被解雇之意。

在蘆溪縣，民間手工業又稱匠藝，主要有木匠、篾匠、泥水匠、鐵匠、銅匠、錫匠、金銀匠、漆匠、鋸匠、石匠、雕刻匠、爐冶匠、傘匠、蓆匠、彈花匠、縫紉匠、繡斲匠、製鞋匠、剃腦匠、棕匠、織布匠、洗染匠、紙馬匠……此外，還有蒸酒師傅、熬糖師傅、豆腐師傅、餅坊糕點師傅、廚倌師傅、殺豬屠夫、榨油師傅、製藥師傅、造紙師傅、印刷製版師傅、燒窯師傅、製碗師傅、熬硝師傅，還有挖煤的大工師傅、駕船撐排的「老大」、檢屋漏的小工、打鼓吹喇叭的吹鼓手……以木匠為例，民間稱木匠為「博士」，以示敬重。木匠手藝範圍很廣，一曰：喜料。建造房屋一應木料構架；居家各類木器家具，如床、箱、櫃、桌、椅、凳、架、桶、盆、甑等等；農業生產工具，如犁、耙、風車、挽水筒車、龍骨車、運輸用的手推車，平板車等等。二曰：壽材，即棺材。一句話，凡屬木料做的器具，都是木工工藝範

157　《廣昌縣志》卷三十二《宗教、風俗》第十章《其他習俗》第一節　行（店）規，上海社會科學院出版社 1994 年版。

疇。木匠的規矩很多，去人家做鄉工第一天早上進門，師父在前，徒弟在後，用一根叫「五尺」的木方尺挑著工具，進門時換左肩挑工具，左腳先進門，工具箱放置桌上左上方，「五尺」放在廳堂正面牆左上方。「五尺」是木匠的量具，五市尺長，上書「魯班祖師」字樣，放置時要正放，不能倒置。各類工具都有一定的放置規矩，斧頭放在斫凳下面，刨子放在斫凳凳腳梁上，鋸子放在斫凳左側等等。早飯前到達主家，早上便要開工，有「斧頭先響，然後端碗」之說。吃飯也有規矩，葷菜少動筷子，吃蔬菜，吃菜要細，不能多吃，挾菜時，挾自己身邊一向的，不能在菜碗裡亂抄亂翻。主人家招待匠藝師傅要做到「三飯五茶兩點心」，即三餐飯都要有三葷四素，兩餐備酒；兩點心是上、下午工間休息各一餐點心，或米果、糯米飯，或農家自製糕點果品；五茶是指三餐飯後和兩餐點時各沏一次熱茶。打床、豎門架、上梁封棟、門架過橋，都要加菜，加點心，封紅包。改革開放以後，農村的自然經濟秩序發生變化，到市場上購買製成品為主要的方式。請工匠到家裡來做的方式越來越少，手工藝工匠的各項規矩越來越簡化。[158]

在萍鄉市安源區和蓮花縣一帶，過去民眾燒製磚瓦、石灰時，主人家需要設宴席，請窯師坐首席，開火之日行祭窯禮，窯壁尊奉趙公元帥和李廣先師神位，宰雄雞，取雞血相祭，焚香化

158　《蘆溪縣志》卷十四《人文風情》第一章《民情風俗》第一節，生產習俗·手工業，方志出版社 2006 年版。

紙，取雞頭插於窯門，窯師口中念禱詞：「先師坐東朝，弟子今開窯，一盅雄雞酒，叩敬先師到，有事弟子在，蒙師多關照」，念畢才可點火燒窯。現今建房一般購買機磚廠所產紅磚，民間磚窯已很少，此俗已不多見。另外，由於煤炭資源豐富，地方存在著許多鄉間煤窯，舊時在挖煤過程中也存在著許多相關習俗，如掘到煤層時，先於台門口設土地神位，準備酒肉食品，澆酒至地祭祀，並邀請鄰近各礦師傅赴宴，台門師傅端坐上席，其他師傅依次輪流把盞，以慶見喜。此俗今已不多見。每逢農曆初一、十五日，礦主舉行祭祀儀式，將雞血酒灑於台門，辦酒席招待礦工，俗稱「打牙祭」。新中國成立後，此習仍然存在。[159]

　　當地民間營造建房，講究風水，請地理先生（俗稱「地仙」）擇地基，基址確定後，擇吉日破土動工。房屋基礎完工後，擇吉日豎門架，設酒宴招待匠師幫工，再行砌牆。以上各過程均有一定儀式，同時燃放大量鞭炮。屋脊選用優質木料為大梁，中間繪太極圖，旁書營造年月和屋主姓名，上梁時有儀式，主人上梁後向地面拋撒果品，眾人喝彩相接，營造歡樂氣氛，寓意接丁進財。動工後，親友族鄰或送糧送菜，或幫工幫料。新屋竣工，主家擇吉日宴請親戚朋友，俗稱「完工酒」，答謝營建匠師幫工及親友賀客。席間送紅包給地先、匠師、小工、幫工等人。現今建

---

159 《安源區志》第三十三卷《民俗、宗教》第四章《生產習俗》第二節，工商習俗，方志出版社 2006 年版；《蓮花縣志》卷四一《風俗習慣》第二章《生產習俗》第四節，營造，江西人民出版社 1989 年版。

房磚木結構很少，多為磚與鋼筋混凝土結構，多為雇請工匠包工營建。[160]

在蓮花縣，當地泥工、木工均奉魯班為師，開工前，掌墨師習慣在主家廳堂上放一桶米，將五尺（木工用的一種長木尺）插入米中，上用紅布纏裹，作揖叩頭，稱為祭師。立腳（奠基）時，慣用舊皇曆（年曆）十二套，放入屋基四角的奠基石內，四周灑滴血食，鳴鑼燃炮。豎大門架時，門懸銅鏡，嵌五色絲布，寫「萬代興隆」，「長髮其祥」楹聯，殺雄雞，撥毛醮血塗於門架之上，以鎮鬼神，驅煞氣。新房封棟時，每只棟上插小紅旗一面，木工泥工相對站上屋頂，手提雄雞，高聲贊禮：「伏矣！手拿金雞叫，奉請魯班先師到，祝賀鳳凰辭，今日今辰正當上梁時，上起左、左邊獅，上起右、右邊象，左獅右象洪福滿堂。間間房屋生貴子，間間房屋都出讀書郎。作田者，保五穀滿倉；讀書者，保在朝中當宰相；從商者，保一而十；十而百、百而千、千而萬；當家嫂，保養牛賽似馬，養豬大如象，養雞養鴨滿屋裝，早晨放出一百隻，晚間收回五百雙。我公弟子祝福起，榮華富貴發到底！」[161]

160　《安源區志》第三十三卷《民俗、宗教》第四章《生產習俗》第二節，工商習俗。

161　《蓮花縣志》卷四十一《風俗習慣》第二章《生產習俗》第四節，營造‧建房。

第三節 ▶ 非物質文化遺產技藝類

　　江西傳統手工技藝內容豐富，種類繁多，各地眾多的技藝一直沿承至今，成為國家、省級等非物質文化遺產（見附錄）。限於內容篇幅，下文僅對江西地區列入國家級非物質文化遺產的項目進行概述。

一、景德鎮手工製瓷技藝

　　考古發掘表明，景德鎮自五代開始生產瓷器，宋、元兩代迅速發展，至明、清時在珠山設御廠，成為全國的製瓷中心。景德鎮手工製瓷技藝中重要的成型工序在宋代已初步建立。瓷業內部分工日益細化，普遍採用拉坯、印坯、利坯、修足、蘸釉、蕩釉等技藝製作瓷坯，再採用匣缽仰燒、墊缽覆燒、支圈覆燒等技法進行裝燒。到元代，又發明了瓷石加高嶺土的「二元配方法」及青花釉下彩繪技術。明、清兩代，景德鎮製瓷業進一步發展，「共計一坯之力，過手七十二，方克成器。其中微細節目，尚不能盡也」，製瓷手工技藝體系基本完善，採礦、淘洗、製坯、練泥、陳腐、拉坯、利坯、畫坯、施釉、燒窯、畫紅、燒爐、選瓷、包裝等工序環環緊扣，專業化程度日益提高，各方面都有身懷絕技的能工巧匠，景德鎮手工製瓷業至此達到了歷史的最高峰。

　　景德鎮瓷業習俗是景德鎮製瓷歷史的重要組成部分。景德鎮在宋代出現「村村窯火，戶戶陶埏」的景觀，瓷業習俗已具雛形。明、清以後，珠山御廠的設立和海外市場的進一步擴大刺激

了景德鎮製瓷業的蓬勃發展，致使幾乎所有散落在鄉村的小窯作坊都集中到城區，形成眾多的手工業工場，吸納了大量從業人員，「窯戶與鋪戶當十之七八，土著十之二三」。

景德鎮由此成為「五方雜處」、有「十八省碼頭」之稱的陶瓷大都會，為瓷業習俗的最終形成奠定了堅實的基礎。

民國時期，景德鎮瓷業習俗的突出表現是客籍瓷商隊伍的不斷壯大及瓷行、瓷莊和瓷號的大量湧現。各商幫都有自己的瓷行、瓷莊或瓷號，他們加強了景德鎮與外地的聯繫，也操縱了景德鎮瓷器的運銷。隨之而來的各地風俗習慣給景德鎮瓷業習俗增添了新的內涵。

新中國成立以後，隨著政治、經濟的變革和瓷業機械化生產的不斷發展，景德鎮瓷業習俗開始淡化，現已瀕臨消亡。景德鎮傳統的製瓷手工藝雖然得到部分保留與發展，但其中的一大部分仍在不斷地流失和消亡，亟待搶救和保護。二〇〇六年五月，景德鎮手工製瓷技藝被列入第一批國家級非物質文化遺產名錄。

二、景德鎮傳統瓷窯作坊營造技藝

景德鎮是最早的瓷業城市，景德鎮瓷業建築及營造技藝堪稱一絕。景德鎮傳統製瓷作坊的「窯房」建築是中國工場手工業罕見的場所物證，具有獨特而豐富的歷史價值、科學價值和旅遊價值。

明代後期以來，景德鎮的城市範圍和規模基本穩定，老城區內密布的各類瓷業建築成為城市建築的主體。這裡坯房、窯房密集，「陶舍重重」，構成景德鎮的一大景觀。景德鎮瓷業建築技

藝由此得到發展，在明清以後走向成熟，達於鼎盛。

　　窯體、窯房和坯房的獨特形狀、結構、材料和功能要求成就了窯房營造的獨特技藝。例如，清代雍正以來，景德鎮最盛行的是「鎮窯」，蛋形的鎮窯屬於平焰窯，它綜合了龍窯、饅頭窯、葫蘆窯的優點，成為古代最傑出的窯型。砌窯（結窯）、補窯（修窯）在景德鎮被稱為「攣窯」，這在全國其他瓷區是沒有的。坯房（即作坊）是重要的生產場所，同時兼有居住功能，布局緊湊。景德鎮傳統窯房寬敞通風、經濟實用，兼具倉庫、生產車間和生活間的三重功能，它給建造者提出了很高的建築標準，要求工藝高超而又別具風格，由此造成了景德鎮的城區風貌，同時成就了景德鎮瓷業建築的營造技藝。二〇〇六年五月，該項技藝被列入第一批國家級非物質文化遺產名錄。

三、鉛山連四紙製作技藝

　　連四紙的原產地在鉛山縣，又叫「連泗紙」、「連史紙」，紙質較厚者又稱為「海月紙」。相傳是福建邵武連姓兄弟經過多年研製、精工抄造而成，因他們排行老三、老四而得名。明代高濂在《遵生八箋》中把元代時期的鉛山紙列為「妍妙輝光，皆世稱也」的精品[162]；宋應星《天工開物》有數處記載了鉛山造紙狀

---

[162]　（明）高濂：《遵生八箋》卷十五《燕閒清賞箋‧中‧論紙》，甘肅文化出版社 2005 年版。

況，對鉛山紙品種的連四、束紙作了說明，並給予很高評價。 ¹⁶³

鉛山連四紙產地分布在武夷山脈南、北麓，鼎盛時期有紙槽兩千餘張。「片紙不易得，措手七十二」，連四紙的製作工藝程序十分考究。原料要用毛竹的嫩竹竿，在立夏前後嫩竹將要長出兩對芽葉的時候砍伐取用。紙料需經幾個月的日曬雨淋，使之自然漂白，生產周期長達一年。連四紙依靠手工操作製成，無理化指標，全憑經驗駕馭。製造過程的技術關鍵：一是水質，凡沖、浸、漂、洗所接觸的水均不能有任何污染，須採用當地泉水；二是配藥，藥係採用水卵蟲樹製成。

連四紙紙質潔白瑩輝，細嫩綿密，平整柔韌，有隱約簾紋，防蟲耐熱，永不變色，品質上乘，素有「壽紙千年」之稱，舊時貴重書籍、碑帖、契文、書畫、扇面等多用之。因而也成為當時官府、文人墨客作為友好交往相贈的禮品。直至二十世紀八〇年代，鉛山連四紙仍然是北京榮寶齋、上海朵雲軒等指定的專用品，並出口日本、韓國、東南亞等地。

連四紙製作技藝是歷代造紙工人智慧的結晶，其技藝傳承自成體系，既蘊含了豐富的科學內容又難以完全用現代技術替代，顯得十分珍貴。但是，連四紙的生產對原料、時間、工藝要求都很高，成本也大，技藝僅靠口傳心授傳承，不易迅速推廣，因此目前連四紙製作技藝已面臨失傳的危險，急需搶救、保護。二

○○六年五月，該項技藝被列入第一批國家級非物質文化遺產名錄。

四、婺源歙硯製作技藝

歙硯為中國四大名硯之一，其主要製作地和成名地在古徽州歙縣，故稱歙硯。江西省婺源縣原屬徽州，所產亦稱歙硯。漢、晉時期已有歙硯問世，至唐代名聲日盛。開元以後，龍尾硯石被發現，歙硯更為世所珍重。

五代後，歙硯更為世所珍重。南唐後主李煜視歙硯為「天下冠」，宋人李之彥在《硯譜》中言：

> 李後主留意筆札，所用澄心堂紙、李廷珪墨、龍尾石硯三者為天下之冠。[164]

當時歙州設置了「硯務」，硯工李少微被擢為「硯務官」，《歙州硯譜・採發第一・婺源硯》中記載：

> 至南唐，元宗精意翰墨，歙守又獻硯並斫，硯工李少微，國主嘉之，擢為硯官。[165]

164 （宋）李之彥：《硯譜・李後主硯》，台灣商務印書館影印本 1986 年版。

165 （宋）唐積：《歙州硯譜・採發第一・婺源硯》，台灣商務印書館影印本 1986 年版。

宋代歙硯發展很快，品種增多，精硯不斷湧現，其名色之多、質地之細、雕鏤之工，為諸硯之冠。從元末至清初未見有官方開採歙石的記載，歙硯製作只是維持殘局。

　　中華人民共和國成立後，歙硯生產一度得到發展，金星歙硯重新問世。改革開放後，歙縣和婺源縣先後成立了歙硯廠、工藝廠、文房四寶公司等，從硯石開採、產品製作到裝潢工種齊全，還挖掘了「豆斑」、「綠刷絲」、「歙紅」、「紫雲」等新品種。二十世紀八〇年代中期後，歙硯進入全國製硯行業前列，並以優良品質榮獲國家優質產品、出口創匯金獎和有關部門授予的「國之寶」證書。

　　歙硯的製作技藝以雕刻為中心，由選石、構思、定型、圖案設計、雕刻、打磨、配製硯盒等多道工序構成，按石材紋理分為羅紋、眉紋、金星、金暈、魚子五大類一百多個品種。硯材紋理細密，兼具堅、潤之質，有澀不留筆、滑不拒墨的特點，被譽為「石冠群山」、「硯國名珠」。二〇〇六年五月，該項技藝被列入第一批國家級非物質文化遺產名錄。

五、星子金星硯製作技藝

　　金星硯又名金星宋硯，以金星石為原料，主產地在江西省星子縣橫塘鎮駝嶺山下。民間相傳第一方金星硯出自晉代陶淵明之手，北宋米芾《硯史》中亦有星子青石硯的記載。明代星子的石硯製作一度中衰，至清代中葉又漸中興。民國時星子縣境內有製硯作坊百餘家，所產金星硯曾兩度參加國際性展覽並獲獎。

　　中華人民共和國成立後，先後建立了兩家專業硯廠，更新設

計樣式，改造製硯工藝，金星硯生產得以高速發展。二十世紀八〇到九〇年代，金星硯頻頻在全國展覽、評比中獲獎，產品遠銷日、韓、東南亞及歐美各國。九〇年代末，國企改制，星子縣現有製硯的私企和個體戶近百家。

金星硯以星子縣駝嶺出產的宋石為原料，這種石料稀少珍貴，石質堅韌細膩，溫潤瑩潔，紋理縝密，色彩和紋理具有自然美，製成硯後發墨極快，且儲水不涸，久磨無粉，發出的墨富於光澤。金星硯從開始生產到製作完成共有開採、選料、製坯、雕刻、打磨拋光五道程序。傳統金星硯的造型與圖飾因取材於當地物產、山水和人文傳說而極具地域性色彩，風格古樸大方，簡略寫意，是中國民間藝術中的瑰寶。二〇〇六年五月，該項技藝被列入第一批國家級非物質文化遺產名錄。

六、萬載夏布織造技藝

萬載夏布生產歷史悠久，具體起源時間已無從考證。據傳，南北朝時期，萬載鄉農藺思源，發現富有韌性的草本植物苧麻，並將它的表皮剝下，用以編製帷帳，效果很好。此後，萬載民眾逐漸改進績麻之法，採用純潔的苧麻纖維織造夏布。其類型有本色、漂白、染色、印花等多個品種，其紗質細軟、邊縮平整，織造均勻，色澤清秀、不皺折、不變形，易洗滌，清涼爽汗，唐時被列為貢品。

明清時期，夏布製作在萬載流傳十分廣泛，影響非常深遠。據史料記載，明代時期全縣約有百分之七十的農戶從事或兼營夏布，縣城經營夏布的商號上百家，清代有千餘家作坊從事夏布生

產，其中以株樹潭（今名株潭）、周陂橋最突出。株樹潭是棚民聚居地，由福建、廣東等地民眾在明中葉後遷入，對促進夏布生產的發展作出了貢獻，他們「利用土著不耕之高崗山谷，以從事墾殖」，用來「種麻種菁」，道光《萬載縣志》記載：當地夏布「嫩白勻淨，通行四方，商賈輻輳」。民國時期，萬載「境內鄉鎮如大橋、潭埠等處，昔時每年出產夏布常達萬餘卷（一卷平均23匹）之多」。[166]

萬載夏布色澤光潔白淨，穿著日久而色不變黑，其有兩大特色，為它埠所不及：

> 一、苧麻質量堅剛，外地浣麻多用漂粉與酸水等，我縣山間多清泉，浣濯便利，天然製造，無俟藥品參加其間，自然化剛為柔，表現雅潔之色。二、成布之後，它處用硫磺煙熏，以求一時之美色，我縣對此作法則歷來嚴禁，故愈服則色愈出。[167]

萬載夏布生產在過去全部由手工製作，其生產過程主要有苧麻處理、績紗、織布三個部分，共有近百道工序，這一典型的傳統文化延續了數千年。苧麻處理程序主要是對苧麻進行漂白，主

---

166 《萬載縣志》卷十七《三大特產》第二章《夏布》第二節，產銷，江西人民出版社 1988 年版。

167 《萬載縣志》卷十七《三大特產》第二章《夏布》第一節，起源。

要有清水漂白、日光漂白、露漂法、石灰漂白法、炭熏法和牛糞浸漬法等六種方法。

清水漂白法又分為編排、鋪曬、灑水、接露等程序。編排一般是在凌晨進行，日出之前將苧麻按區上下成列，用繩繞柱，使它鋪曬時能夠翻轉，成片不紊亂；日出後，將編排好的麻排攤曬在青草地上，早晨八點半後進行灑水，待曬乾後進行翻轉並再次灑水，如此重複四到五次不等。灑水要注意適宜，切忌過多（以免遇到陰雨天，堆放過久而腐爛），大約午後二點半時將麻捆起，連續幾天按這種方法進行，大約五到六天後，即成潔白苧麻。

日光漂洗法，是指將乾燥苧麻浸入泉水中一到二小時，然後取出曝曬於日光中，乾後又再浸入泉水中，復又曝曬，這樣反覆經過數次，即得細白纖維。

露漂法，是指在晴朗夜間將苧麻平鋪在青草上，使它受露水的浸潤，反覆數次麻纖維即為白色。

石灰水漂法，是指將苧麻浸置在石灰水中，取出後用泉水漂洗，然後曝曬在日光下曬乾，色即潔白。

炭熏法，是指將苧麻放入地窖或竹籠中，用炭火烘烤一下，然後再在日光中曬到半乾後，用泉水沖洗，再曬乾繼又用泉水浸洗曬乾，反覆二到三次，麻纖維即顯白色。

牛糞浸漬法，是指將牛糞和溫水盛於大缸中，充分攪拌後將苧麻入水中一到二小時，取出後用清水沖洗，暴曬於日光中，又復浸於牛糞水中，這樣連續三到四次，麻纖維即成潔白。

經過上述各種方法漂洗調至成的苧麻，按其質量及長度可分

為標莊、頭莊、二莊、三莊、白索、曬青等級（名）別。標莊，是指苧麻細白、富有光澤，長度在四尺五寸以上，主要用來做一二〇〇扣上等夏布；頭莊，是指較標莊稍差，長度在三尺八寸，主要用來做八〇〇到一〇〇〇扣中上夏布；二莊、三莊，是指次於頭莊，長度在三尺，主要用來做六〇〇到八〇〇扣中等夏布；白索、曬青，是指漂洗較差，色澤欠佳，長度在三尺以下，用來織造四〇〇到五〇〇扣下等夏布。

績紗，主要分為原麻漂白、撕片、卷縷、捻紗、繞紗五道工序進行，都是女工操作。績紗時將經上述自然漂白後的苧麻，撕開成片，卷成一縷縷，放入清水盆中，然後用手指梳成一根根苧麻細絲，放在大腿股上，用手捻接成細小麻紗線，再卷成如繭狀紗錠一樣小團縷。

織布，分為刷布、上機、上漿、織造四道工序，其中以刷布、織造為難。刷布多為男工，刷布時將卷縷成紗錠的紗分開，拉直拉長，將一頭掛在經紗架上，另一頭卷成一大結，用一根木棍（5～6 尺長）套挽住用一大石塊壓在上面，蘸好預先煮好的米粉漿（米粉漿糊用大米和植物油做原料，每匹夏布需用大米 1 千克、植物油 0.1 千克）均勻地來回刷，要刷得均勻。待漿紗晾乾後，裝上布機開始織布。織布氣溫過冷過熱均不適宜，紗線容易折裂，形成斷頭顆粒，影響夏布的質量，織布多為女人（故夏布又稱為娘子布），一般二天可織成一匹夏布。

過去夏布的織造術基本上是手工勞動，產品檔次低，費工又費時，產品附加值不高。近些年來，隨著現代紡織技術的採用和機械化生產的推行，傳統的手工織布技藝開始消失，這項蘊涵地

方豐富社會文化內涵的傳統文化遺產進入保護範疇。二〇〇六年六月，該項技藝被列入江西省第一批省級非物質文化遺產名錄，其後在二〇〇八年六月被列入第二批國家級非物質文化遺產名錄。

七、萬載花炮製作技藝

花炮乃爆竹和煙花之總稱，其生產源遠流長。宋時，李畋為爆竹始祖。據《駭聞錄》載：「李畋居山中，鄰人仲叟家為山魈所祟，畋令旦夕於庭中用竹置火中，鬼乃驚避，至曉寂然安貼。」人們使用爆竹「是其遺俗」。後來人們將黑火藥裝進小竹筒，做成爆竹；後又將竹筒改為紙筒，其「內藏藥線、一發連百而不絕」，稱為鞭炮。

萬載花炮製作始於十八世紀中葉，後發展成為全國五大花炮傳統基地之一，是全國著名的花炮之鄉。南宋時期，該地民間已有手工作坊製作簡易爆竹，並繫結成鞭，有百響、數百響以至千響等品種。清道光年間，萬載花炮已「通行南北，商賈絡繹」，從業人員達數萬人之多，爆竹莊近千家，在全國各地從事花炮經營的著名爆竹莊有贛莊（贛州）、浙莊（浙江）、省莊（南昌）、漢莊（武漢）、廣莊（廣州）等。

二十世紀八〇年代生產進入鼎盛時期，從業人員達到十五萬人，花炮企業有六〇〇多家，產品銷往全國各地及美國等二十多個國家和地區。花炮稅收占全縣財政總收入百分之六十以上，是萬載的支柱產業。

萬載花炮響聲好、響率高、氣味香、品種多，是社會文化生

活中節日慶典、婚喪嫁娶、祭祖拜佛的必選品。在國際國內評比、比賽中，萬載花炮屢獲殊榮。一九三六年四月在江西省舉辦的運杭展覽會上獲「浙贛特產聯合會獎狀」，一九八七年代表中國參加在西班牙舉辦的第二十四屆國際花炮燃放大獎賽榮獲「銀獎」，一九八八年參加泰國水燈節慶典燃放又獲「榮譽獎」等。

萬載花炮有全紅禮炮、大小彩炮等六十多個品種，其生產所用的原料——土紙、火藥，均為本地所產，且質量上乘；它因響率高、響聲脆、無雜質、有香味而聞名於世，深受國內外顧客的青睞。

萬載花炮從原材料加工到成品製作，有七十多道工序，均為傳統的手工操作，技術含量高、工藝流程比較複雜，其製作技藝無系統的文字記載，只能靠師徒之間言傳聲教和長期實踐來掌握，是典型的非物質文化遺產。二〇〇八年六月，該項技藝被列入第二批國家級非物質文化遺產擴展項目名錄。

八、鄱陽脫胎漆器髹飾技藝

脫胎漆器工藝製作非常細膩，成品光澤圓潤，外形若骨，刻繪精細，手法自然，巧奪天工。

鄱陽縣水運四通八達，在古代具有集南北商賈、東西藝人於一地的區位優勢，一些來自異鄉或本土的民間工藝在此地得到良好的發展。漆器工藝大約在宋、元時期流入鄱陽，當時漆工藝多應用於寺廟貼金、繪屏、漆匾等。晚清時期，發展成為一種獨特配方成漆、秘不外傳的全手工操作脫胎漆器工藝。此後，鄱陽脫胎漆器走俏京城，身價倍增，名播海內外，一些作品被稱為國內

首創，同時鄱陽脫胎漆器的民間工藝得到長足發展。一九一五年，江西鄱陽縣脫胎漆畫工藝老藝人張席珍精心製作的一對脫胎漆帽筒，作為「大中國」的工藝品在世界工商博覽會上獲得巴拿馬四等獎。[168]

鄱陽脫胎漆器為純手工製作，屬民間工藝的一個門類。其工藝以生漆（不含化學成分的原生漆）為原料，經製模、裹布、上灰、上漆、脫胎、打磨、貼箔、推光、拋光等五十多道工序製成，其精密度和細膩度，是手工藝技術的最高體現。如生漆須經不同網目的布多次過濾，成為純度很高的原生漆；將桐油經高溫熬成「胚油」，再將胚油按比例滲入生漆之中，再將一定比例的胺水、硫酸亞鐵加入到熟漆之中，高溫曝曬七日，使之成為「推光漆」，方可用於製脫胎漆器；根據色彩需要，於漆中加入不同原料或色料配製出不同色彩的推光漆；製模是根據設計形態，用石膏或木材或硫磺製成內模和外模；在製成的胎胚上一層層黏貼夏布，用漆赤塗抹、固化、成型；上一次漆需陰乾五到七天，如此反覆上漆；將已漆好的器具脫胎後經多次打磨，與上漆交替進行；再將多種繪圖色料、貝殼或金箔貼鑲於上面；最後用各種色料的推光漆或透明漆反覆覆蓋多次拋光。鄱陽脫胎漆器的製作有許多獨特的絕活，其中隱花工藝全國聞名。

鄱陽脫胎漆器工藝作為一門民間工藝，歷經幾千年流傳至

---

168 中國非物質文化遺產名錄數據庫系統，網址 http://fy.folkw.com/view.asp?id=1926

今，其純手工製作的精密度和細膩度，是歷代藝人心血和智慧的結晶，是一份寶貴的歷史、文化遺產．鄱陽脫胎漆器由於純手工製作，工序繁雜，從業人員習藝時間較長，且工作辛勞，為現代年輕人不屑，後繼乏人，傳承十分艱難。二〇一一年五月，該項技藝被列入第三批國家級非物質文化遺產擴展項目名錄。

服飾民俗

　　服飾，是人類社會生活的要素之一，伴隨著人類文明發展的始終。它除了滿足人們物質生活需要外，還代表著一定時期的文化特點，是區分不同等級的重要標誌。中國歷代都強調嚴格的服制規範，以維護等級制度：「夫禮服之興也，所以報功章德，尊仁尚賢。故禮尊尊貴貴，不得相逾，所以為禮也。非其人不得服其服，所以順禮也。」[1]因此，在不同的場合、針對不同的等級，都有不同的用服規範，這構成了中華古代具有鮮明特色的服制文化。

　　江西歷史上很早就被納入王朝體制，其服飾民俗也具有中華服制文化的共同特點。但江西由於受到自然環境的影響，在服飾的用料和裁制方面具有一定的地域特點。贛南是「客家大本營」的核心地區之一，其服飾習俗深受客家文化的影響。在贛東北地區，還分布著為數不少的畲族同胞，其服飾習俗具有濃郁的少數民族特色。

1　《後漢書‧輿服上》，中華書局 1965 年版。

第一節 ▶ 服制文化與江西服飾民俗

「衣」的最早產生源於其必要的功能性，《禮記・禮運》：「未有火化，食草木之實，鳥獸之肉，飲其血，茹其毛。未有麻絲，衣其羽皮。」記載了古時先民們以獸皮為衣羽毛為衣，禦寒蔽體的生活習慣。中華民族遠古時期的服飾，主要是出於保暖禦寒目的而製，隨著社會的發展，服飾更被賦予政治文化上的意義，成為維護和體現等級體制的重要工具。《荀子・富國》指出：「貴賤有等，長幼有差，貧富輕重皆有稱者也。放天子袾褧衣冕，諸侯玄褧衣冕，大夫裨冕，士皮弁服。德必稱位，位必稱祿，祿必稱用，由士以上，則必以禮樂節之；眾庶百姓，則必以法數制之。」這裡就明確點出了服飾與等級制度的密切關係。

據記載，夏代最高統治者以「十二章」服飾紋樣，作為最高權威的象徵。到周代，服製作為區別尊卑的手段，更成為禮樂體系的重要部分，形成一套象徵等級體系的官服制度。

雖然隨著時代的變化，歷代的服制也各有因革，但歷代對服制文化都極為重視，視之為維護和體現等級體制和統治秩序的重要工具。《論語・鄉黨》認為：「君子不以紺飾，紅紫不以為褻服。」「紺」是深青中透紅的顏色，「緅」是青多紅少，比紺更暗。飾是指滾邊、鑲邊。古代黑色是正式禮服的顏色，而「紺」都近於黑色，所以不用來鑲邊為別的顏色作陪襯。朱紅是很貴重的顏色，不能用來作褻衣，這說明先秦時期對服飾的顏色很講究。孔子曾說「惡紫之奪朱也」。這裡典型地看出傳統時代以服飾定名位、別尊卑的做法。

傳統時代不僅對服制有嚴格規定，對身體的修飾也注重加以引導，以移變世風。如吳太伯的斷髮紋身、趙武靈王的胡服騎射等，都對各國的經濟政治發展有重大影響。至清朝，要求無論滿漢，都要留大辮子，以表示對統治者的順從，否則「留髮不留頭」。中華民國成立以後，官紳各界發起剪辮運動，留大辮子成了守舊與落後的象徵。

　　中國古代的服制文化起著維護等級制度和強化政治統治的作用，對傳統時代的服飾民俗產生了深遠的影響，江西歷史上的服飾民俗也深受服制文化的影響。江西與全國其他地方一樣，服飾民俗的變化歷來都被視為世風良否的重要標誌，官府與士紳都強調百姓用服應遵從規制，而不得僭禮越度。因此，「競尚靡麗」的服飾之習常受譴責，而「衣布素」之風則備受推崇。

　　例如在上饒縣，當地所產的土縑製成的文綺，服用者若「顯達」，即使富有也「必襲以布」，用「紵絲」被視為是嚴格限制於「顯達」階層：

　　　　（上饒）舊時男子，衣惟綢布土縑，富者間衣文綺，必襲以布，謂之襯衣，士非顯達，不輒用紵絲。（舊志論）[2]

　　在安遠縣，平素之服崇尚「儉樸」，綢緞服飾只有在重大場合才使用：

2　　同治《上饒縣志》卷十《風俗志・衣服》。

（安遠）文物衣冠，被服大雅，平時一以布素為主，其尤儉樸者，女嫁時雖綺羅稠疊，廟見後藏之在笥而已。[3]

德興、南昌等地的士紳之家，「不常以輕裘羅緞為觀美」，這被認為是「風俗之厚」的重要表現：

（德興）邑不利蠶桑，錦繡綦組不鬻於市，間有紡績，亦夏織絺綌冬成棉布而已。搢紳先生休致後，家常亦衣布素，業儒家間至公庭，但易衣備禮，不常以輕裘羅緞為觀美，是則風俗之厚也。[4]

（南昌）俗尚淳樸，唐時海內風氣已開，猶無瓦屋，取材召陶，自韋觀察始。國初，民俗猶為近古，予聞長老言，民間歲時宴會，杯飲豆肉，率數人共之，日暮盡歡而罷，親黨有謁，手單布深衣，革屨道路間，不敢服，及門服以謁，謁罷持歸，故或終身不易衣屨，是以尚親而後利，崇本務而賤浮食，雖稱土瘠民貧，用利焉，其俗厚如此。[5]

盡管江西服飾民俗受服制文化的制約，但隨著社會經濟的發展，仍然不可避免地發生「僭禮越制」和「漸趨侈靡」的轉變。

---

3 同治《安遠縣志》卷一之八《地理志・風俗・衣服》。
4 道光《德興縣志》卷三《風俗志・衣服》。
5 乾隆《南昌縣志》卷三《風俗》。

例如在南康府（府治在今星子縣）一帶，百姓服飾盡管「皆遵國制」，但到康熙年間，「邇來漸侈靡」還是發生了：

（南康府）齊民無論貧富，皆遵國制，禮服外不飾綺羅。邇來漸侈靡，建昌尤甚，都昌無期功常服孝巾，星子、安義猶未盡離，然非古風矣。[6]

永新等地百姓服飾原先也以「儉樸」著稱，至清後期也「競尚靡麗」，僭用服制了：

（永新）曩習儉樸，庶民家累千金大布革履，浣敝或不更制。今則競尚靡麗，游食下賤皆被文綺，華巾襪，比之貴游豪傑矣。[7]

玉山一帶的「奇麗之服」，尤為「士夫不齒」，官府譴責這是「不顧其分所安者」：

（玉山）奇麗之服，士夫不齒，狐裘黃黃，都人士以為美，於是慕而效之，有不顧其分所安者矣。村落之子，驟加以盛衣冠，及若無以自容，豈性固野耶？婦女有寬衣長袖而

---

6 康熙《南康府志》卷一《封域·風俗·服飾》。
7 同治《禾川書》卷三《古跡·風俗·衣服》。

不裙者，共指為非禮，法所宜，雖嚴冬必著夏布裙，以自修飾，彼君子女，真今人思尹姞不置也。[8]

第二節 ▶ 衣著

服飾民俗涉及的內容很多，包括衣著、附加飾物和身體修飾等各方面，其中衣著民俗是最主要的部分。衣著民俗的形成與變化尤其是布料來源、衣著的製作與形制等，除了受服制文化的制約外，還深受地理環境與地方文化的影響。

一、紡織技術的發展

早在周代，江西就已經具備了高水平的紡織技術。近幾年來在江西省靖安東周墓葬群發掘出土的紡織品製作工藝精湛、保存完好。六號棺木清理出了朱紋紅黑雙色織錦，它的密度特別大，最保守統計每釐米有二四〇條經線，但緯線每釐米只有十條。國家文物局考古專家組組長黃景略認為，先秦時期紡織品的密度達到每釐米二四〇條簡直是奇蹟，這在以往的考古史上是從來沒有發現過的。由此可見早在先秦時代江西的紡織技術就已經非常先進了。

江西在東晉以前的開發規模和範圍都相對較狹隘，東晉小朝廷的南遷，為江右地區帶來了大量先進的生產技術和勞動力資

8　道光《玉山縣志》卷十一《風俗志》。

源，這其中也包括先進的紡織技術。東晉南朝時期，養蠶技術已經相當可觀，豫章等地一年蠶四五熟。

南北朝時期，織錦業也發達起來，富豪人家往往穿繡裙、著錦履，「夏穿綺襦紈絝，積絲成彩，散繭騰花；冬服黑貂白裘，物華雉氂，名高燕羽」[9]。下層人民則較為單一。唐以前，就有北方善織絹，南方盛產布的說法，唐前期大體還是如此。唐後期，在紡織業方面南方超過北方。棉織業在江南也有發展。

北宋時期的紡織業已經有絲、麻、棉、毛四種。開封、洛陽、真定（今河北正定）、成都、江寧（今江蘇南京）、潤州（今江蘇鎮江）等地設有規模巨大的官營絲織工場。黃河中下游地區的絲織業十分發達，京東東路、京東西路和河北東路是其主要產地。宋室南渡以後，南方絲織業發展更快，臨安（今浙江杭州）、平江（今江蘇蘇州）、婺州（今浙江金華）、常州、湖州等地成為新的絲織業中心，號稱「衣被天下」。全國的絲織業中心已經完全轉移到江南地區。江西在這一時期的主要紡織品仍為麻織品。其中袁州（江西宜春）、吉州（江西吉安）等州的紵布，虔州（江西贛州）的白紵，是著名的產品。明代棉花的種植比宋元更加普遍。

9　《漢魏六朝百三家集》卷八二上《謝東宮賜裘啟》：「綱啟蒙賚豹裘一領，降斯止謗。垂茲信服，物華雉氂，名高燕羽。綱才慚齊相，受白狐之飾；德謝漢蕃，均　貂之賜。地卷朔風，庭流花雪。故以裾生惠氣，袖起陽春。荷澤知慚，瞻恩興戀，不任下情，謹啟事謝聞。」

二、布料的種類

　　江西地處東南，境內產麻最多，也種植棉花，這就使江西成為主要的產布大區，尤其是傳統時代，江西的夏布和葛布，名馳天下，一直是重要的土特產。這也決定了江西地區的服飾，以夏布、葛布為最主要的衣料，其次是棉布，此外，綢緞、皮毛織物也有作為衣料的，但並不普遍。因此，傳統時代江西的衣料，總的來說是以夏布、葛布為主，棉布次之，也雜以其他布料。例如同治年間的泰和縣、鉛山縣：

　　　　（泰和）至於馬、牛、羊、豕、茶、筍、魚、鱉、果實、蔬茹、絺、綌、麻、枲之類，凡人所以奉口體者，皆足而不待外求。[10]

　　　　（鉛山）男女多布素，雖富貴家亦唯承祭、見賓始按季衣羅綺，貧賤者只粗布、細布。地不宜蠶，種棉花者亦少，麻則隨處皆植，婦女取而績之成縷，別雇機匠織成夏布，間羅布、麻經棉緯布。至各色粗細梭布、綢緞、紗羅，俱從蘇杭江漢等處運來，價甚昂貴。[11]

　　又如宜春民國時期的百姓衣料：

10　光緒《泰和縣志》卷二《輿地考・風俗》，光緒四年刻本。
11　同治《鉛山縣志》卷五《地理志・風俗・衣服》，同治十二年刻本。

（宜春）境內物産麻枲為多，次草棉，次蠶絲，毛類最
少。故人民衣著，大抵多用夏布，棉布次之。綢綾呢絨來自
外地，購者甚稀。皮衣毛織諸物，千百中一二耳。且崇尚儉
德，不務浮華，中人之家幾不知綢綾呢絨為何物，遑論皮
裘。顏色以青藍為上，次則白色，紅綠間色，惡其不正。習
俗之美，尤為近古。**12**

　　可見，衣料的選擇往往與不同人群的社會經濟地位密切相
關。為了更詳細地加以說明，茲據相關資料，對江西服飾民俗的
不同用料進行具體論述。

（一）夏布

　　「古者先布以苧始，棉花至元始入中國，古者無是也。所為
布，皆是苧，上自端冕，下訖草服。」說明苧麻自古以來就是
廣大人民主要衣著原料。江西是中國苧麻四大主要產區之一，苧
麻種植加工歷史悠久，源遠流長。早在二六○○多年前的春秋戰
國時期，江西古越族先民就已經開始從事苧麻耕種和使用手工織
布。冬天粗夏布衣服可以禦寒，夏天細夏布衣服可以散熱。南北
朝時豫章地區即有「夜浣紗而旦成布者，俗呼為雞鳴布」的說
法，說明當時的手工麻紡織業較為發達，技術也較為先進。唐代

12　民國《宜春縣志》卷十二《社會志・衣》，民國二十九年（1940）石
　　印本。

時，夏布既剛又柔、色澤誘人，「嫩白勻淨，通行四方，商賈輻輳」，遂被列為貢品。北宋《元豐九域志》也記載有進貢朝廷的精品苧布。宋代江西人黃庭堅《上大蒙籠》詩：「清風源裡有人家，牛羊在山亦桑麻。」明代宋應星《天工開物》：「無土不生，其種植有撒子、分頭兩法，色有青黃兩樣。」清代黃原裕《種苧麻法》：「豫章織績苧布工細甲天下」。

　　過去，苧麻和木棉是江西大部分地區民眾普通種植的農作物，所以有「婦女以紡績為事，夏則理苧，冬則紡棉」[13]的婦女之俗，夏日裡，婦女們將麻織成縷，再請機匠織成夏布。夏布在全省各地的使用最為普遍，其產地遍及萬載、宜黃、宜春、萍鄉、分宜、上高、永豐、臨川、崇仁、樂安、鉛山等縣市。而尤以贛西萬載夏布、贛東宜黃夏布最為出名，贛東北以玉山產量為巨，贛南以寧都居多，其中以宜黃、萬載、宜春三縣加工的夏布最為精美，民間有「宜黃夏布」、「萬載夏布」之稱。江西夏布產品不僅遠銷省內外各口岸，而且朝鮮、日本及東南亞一帶，都成為江西出口之大宗，是經濟發展的重要支柱。

　　一般平民百姓以厚實耐用的家織土布為主，只有豪富之家才能穿上綢緞皮毛。「清咸、同後，光緒中葉前，民間衣料多用土布……適光緒二十年後，外貨侵入，有洋紗，而紡織者甚少，有洋大布，而織布者甚少。」[14]民國初，有錢人夏天穿紡綢、絲

13　同治《萬安縣志》卷一《方輿志・風俗》，同治十二年刻本。

14　民國《安義縣志》（稿本）卷四《物產志》，民國二十五年（1936）

絹，冬天穿棉袍，一般人家仍穿夏布。清末民初，鄉民普遍以自織白布或加染的藍、青布做衣料，多數農民家境貧困，「一身粗布衣，新舊穿九年」，「一件粗棕襖，縫補兩代人」。

因此，江西傳統的服飾布料也以夏布為主，在舊方志中有詳細記載：

> 石城以苧麻為夏布，織成細密，遠近皆稱。[15]
>
> 故寧都夏布，也稱佳品。[16]
>
> 夏布，出寧都，春貢。[17]
>
> （寧都州）乾隆四十七年土貢：夏布三百匹。[18]
>
> 石城固厚莊（苧布）歲出十萬匹，外貿吳越燕亳間。子母相權，女紅之利普矣。[19]
>
> 夏布……一機長至十餘丈，短者亦八九丈。衣錦鄉、寶城鄉各墟市皆賣夏布，夏秋間每值集期，土人及四方商賈雲集交易。其精者，潔白細密，建寧福生遠不及焉。[20]
>
> 夏布墟，則安福鄉之會同集、仁義鄉之固厚集、懷德鄉之璜溪集，在城則軍山集。每月集期，土人及四方商賈如

稿本，江西省圖書館藏。

15 道光《石城縣志》卷一《物產》，道光四年刻本。

16 道光《寧都直隸州志》卷十二《土產志》，道光四年刊本。

17 同治《贛州府志》卷二十一《物產》，同治十二年刻本。

18 道光《寧都直隸州志》卷十《田賦志》，道光四年刻本。

19 道光《石城縣志》卷一《物產》，道光四年刻本。

20 同治《興國縣志》卷十二《土產》，同治十一年刻本。

雲。總計城鄉所出夏布，除家用外，大約每年可賣銀數十萬兩。女紅之利，不為不普。[21]

民國初年，江西宜春轄縣宜豐「夏布歲出六千六百匹有奇」。民國二十五年《江西年鑑》載：

> 宜豐年產夏布三點二萬匹，銷外縣二點五萬匹。 那時一匹，有長三十六、七十、七十二、八十尺，寬一點六、一點七、一點八、一點九尺四種規格。有六百扣、八百扣、一千二百扣三種。宜豐夏布紗質細軟，經緯成宜，邊縮平整、編織均勻，色澤清秀，不起皺折、不變形。柔軟滑潤，平如水鏡，輕如羅綃，嫩白勻淨。 花色品種多，有本色、漂白、染色、印花；有細色、中色、粗色，有上等、中等、下等，能適應多方面的需要。[22]

中國古代夏布的粗細規格以「升」表示，即在規定的布幅（約 1.5 市尺）內每八十根紗稱為一升，約為每毫米一點六根紗。在周代還規定了各種粗細夏布的不同用途：七至九升的粗苧布供奴隸、罪犯穿用，也可作包裝布用；十到十四升為一般平民穿用，是大眾化的衣料；十五升以上細如絲綢，為高貴品種，僅

21　道光《寧都直隸州志》卷十二《土產志》，道光四年刊本。
22　國民黨江西省政府統計室編：《江西年鑑》（1936 年）。

供貴族享用；最精細者達三十升，供王公、貴族製帽用。這種帽稱麻冕。中國湖南長沙馬王堆出土的夏布為二十一到二十三升，經測定經密三十七點一根／釐米、緯密四十三點六根／釐米，平紋組織，布幅二十釐米，重量僅四十三克／平方米。夏布依其粗細程度曾有各種不同名稱，其中最細者可與絲綢媲美。江西貴溪龍虎山崖墓中發掘的大批殉葬出土文物中，其中 N1N11 墓中發掘的苧麻印花布，屬春秋晚期至戰國早期，是目前中國出土文物中最早的苧麻印花布，其精細如絲綢。由於苧麻纖維與棉花纖維相比較無法用現代化紡織機械加工，只能靠傳統手工技藝生產，所以，這種傳統的手工技藝被列為中國的非物質文化遺產保護名錄。

傳統的夏布生產要經過十道工序。以宜黃的棠陰夏布為例，製作過程也堪稱藝術：

先將砍下來的苧麻除去麻葉，剝皮去稈後，馬上放入水中浸泡，避免接觸陽光照射，以免變質變色。另外注意浸泡在水中的麻皮，還要刮去其青皮一層，露出白裡帶黃的麻纖維，名曰「粗麻」。「粗麻」織成的「粗夏布」價值很低，鮮有人買來作為衣料，一般只用來置辦「喪服」，故而產量較低。「粗麻」經過漂洗、晾曬兩道工序，即成「精麻」。「精麻」經過加工劈成細縷，被捻成麻紗，即類似織造棉布過程中的棉紗。麻紗經整經、打漿之後方能上機織造，織好的夏布經反覆漂洗，直至潔白才最後洗淨曬乾，製成成品。

麻紗入扣，是織布前的一個步驟。扣，是夏布製作的一種紡織工具，用竹子製成，形狀似梳子，其規格決定成品布的粗細程

度，有四〇〇扣、六〇〇扣、八〇〇扣、一二〇〇扣四種型號，扣數越高，織出來的布就越細，越精美。

一切準備就緒後，織匠就可以在織機上織出幅度不同、粗細各異的夏布了。一匹夏布多為四十八尺。夏布織成後，還要經過漂洗的工序，從每年的五月開始，織匠們便將織好的夏布，鋪在宜水兩岸的沙石灘上，反覆用宜河之水沖洗、晾乾，直到夏布變得精細潔白，才能洗淨、晾乾、印染成為成品布。

印花時，匠人們將刻好花紋的皮印，平鋪在本色夏布之上，刷上石灰漿，待到曬乾以後下缸浸染。染後曬乾，搓去石灰，即成藍底白花的夏布了。花紋有鳥、獸、花、蟲，人物有和合二仙等，也有光印「萬」字及蝴蝶圖案的。打碾時，匠人們將染好的夏布卷在軸上，置於一塊微凹的石板之上，然後用一個金元寶形狀的大石頭壓住。人踩在「元寶」的兩個角上，來回晃動，這樣可使夏布不易掉色而且增加光澤。最後一步即是貼好商標，進行出售了，商標有孔雀圖案等。經過這樣製作出來的棠陰夏布質量上乘，在當時是高級布料，是精品中的精品，薄者如蟬翼，細嫩光潔，穿起來十分涼爽，外地商人爭相購買。

在江西各地的方志中，對夏布的生產有豐富的記載：如：

（寧都）陸機《草木疏》云：苧，一科數十莖，宿根至春自生，不需栽種。荊、揚間歲三刈或再刈，人工省而利息

長。²³

同治《贛州府志》對苧麻的種類和生長習性則有更詳細的記載：

> （贛州）苧：山產者，《爾雅》所謂「薜，山麻」也；園種者，枲麻也；今通謂之苧麻。園種培灌夙根，歲可三刈，四五月曰頭水苧，次發、三發以次而減。²⁴

道光《寧都直隸州志》載：

> （寧都）乃山居雖亦種苧，而出產無多。自宜辟曠土以植苧麻，則不必向遠方貸買，而所出之布本賤而利益蓄矣。²⁵

由於苧麻多產，本賤利大，因此在客家地區種麻織布蔚然成風。道光《寧都直隸州志》載：

（寧都）州治風俗不論貧富，無不緝麻之婦女。（石城縣）

---

23 道光《寧都直隸州志》卷十二《土產志》。
24 同治《贛州府志》卷二一《物產》，同治十二年刻本。
25 道光《寧都直隸州志》卷十二《土產志》。

男耕稼而不商賈，女麻枲而不農桑。[26]

同治《雩都縣志》亦載：

> （雩都）地產苧麻，婦女勤辟纑，兼主中饋，操井臼。暇則結履、刺繡。[27]

甚至到新中國成立以後一段時間，苧麻的種植面積還很可觀：

> （大余）苧麻……一九五一年至一九五六年，每年種植一六一畝至二〇〇畝，產量為一二〇擔 至一六〇擔。一九五七年後種植面積逐漸下降，一九八〇年後種植極少，現僅數畝，多為田頭地角零星種植。[28]

同治《贛州府志》載：

> （贛州）女績為纑，別有機工織之造布，極精。」[29]

26　道光《寧都直隸州志》卷十二《土產志》。

27　同治《雩都縣志》卷五《民俗志》，同治十三年刻本。

28　《大余縣志‧種植業‧農作物種類‧經濟作物》，三環出版社 1990年版。

29　同治《贛州府志》卷二一《物產》。

贛閩粵客家地區，廣泛流傳著一首《績苧歌》，完整地反映了織麻的過程：

正月績苧是新年，苧子愛績苧愛圓；等得初三窮鬼日，等得初四神落天。

二月績苧春水深，叔婆績苧系正經；久聞叔婆績苧快，一人績過二三人。

三月績苧三月三，苧子愛籴布愛耕；苧子正愛上南機，又愛踏板過清明。

四月績苧禾苗長，叔婆耕布系緊張；織出苧布圩上賣，換來白米度飢荒。

五月績苧系端陽，家家有女轉本鄉；家家女子轉到盡，又愛拗艾插端陽。

六月績苧六月天，有布去賣正有錢；買塊豆干等細仔，子母食到笑漣漣。

七月績苧秋風涼，叔婆耕布系慌忙；苧布拿去換棉衣，換來大細做衣裳。

八月績苧系中秋，百樣神頭落來遊；三姑七姊下凡到，大男細女鬧啾啾。

九月績苧九重陽，讀書阿哥系廣張；糊了紙鷂又無線，三餐吃飯愛氣娘。

十月績苧系立冬，田雞蟛子藏田空；挑擔阿哥無汗出，績苧叔婆尋火窗。

十一月績苧雪花開，做衫師傅請到來；朝朝叔婆來問

做，幾多師傅做唔開。

十二月績苧又一年，苧子績了布耕完；耕個布子收落櫃，又愛踏粄過新年。[30]

（二）葛布

因純葛韌而耐久，沾汗不污，江西有些地方直接用純葛制衣，有的也會加些湖絲，成為絲葛，或以蕉絲加入，成為蕉絲，價格也最昂貴。

（贛州）各邑皆有葛布，惟會昌更佳。葛有採之野者，有家園種者。布用純葛則韌而耐久，沾汗不污。安遠以湖絲配入謂之絲葛，經緯最細，亦佳。或雜以蕉絲謂之蕉葛，則脆薄不堪。大要人工辟績，諸邑不如會昌之精。[31]

（興國）葛布，粗細不等，出前坑者佳，績甚精，價亦最昂。[32]

（安遠）（葛布）純葛織成，韌能耐久，沾汗不污，或以絲入經緯，布尤細稀。市亦無賣，各處買人，載棉布以易者，皆是淨葛。又有粵人負來者，則多雜蕉絲，入水色變，

---

30 轉引自鐘慶祿《客家傳統服飾研究》，贛南師範學院歷史文化與旅遊學院碩士學位論文，2011 年，第 52-53 頁。

31 同治《贛州府志》卷二一《物產》。

32 同治《興國縣志》卷十二《土產·食貨類》，同治十一年刻本。

不如本處所出。[33]

臨川舊志云：

　　（臨川）士人暑服，九縮一葛。冰紈綺紗，貴者有之。
至冬寒，製木棉裘，表裡皆布，多自練染。富貴家雜以湖
棉，間有衣文棉者。謂是吳中侈習，不敢使父兄知。[34]

（三）棉布

　　棉布又稱「土布」，為家庭農婦自織布。自黃道婆傳入紡織
技術後，廣大農民便開始自己種棉、紡紗、織布，並自製衣服。
棉布的製作較為繁瑣，要經過搓條、紡紗、漿紗、篩布（樟樹又
稱「漾布」）、穿扣、梳布及織布等程序。

　　農婦從地裡收取棉花後，去掉灰塵和雜質，精心挑選純白而
又纖維長的棉，將它彈鬆，使棉的纖維拉得又長又細，將原本就
很好的棉花加工得更加白而鬆軟。然後把彈好的棉花用手工撕成
十釐米長的細棉條，攔在一平板上，放上一枝細竹籤，再用搓板
一搓（搓板為一塊十釐米長、五釐米寬的平而光滑的木板），抽
出竹籤，便成了棉條，接著便可紡織了。

　　紡紗要用紡車。紡車式樣不一，有手搖的，有腳蹬的。手搖

33　同治《安遠縣志》卷一之九《地理志・物產》，同治十一年刻本。
34　同治《臨川縣志》卷十二《地理志・風俗》，同治九年刻本。

紡車一次只能紡一個紗錠子，腳蹬的一次能紡出一到三個紗錠子。一般初學者，一次只能紡出一根紗繞一個紗錠。等到技術熟練了，便可繞得多而美觀，而且拉得很長很韌，非常均勻光滑。紗紡好後，還要漿紗，即用米湯煮半小時左右再晾乾，使紗更有韌性。

漿好紗後，便開始漾布。先擺好漾布架（為兩個長 1 丈的丁字架，橫端備有 8 到 10 個長約四五寸的短木為掛紗用），再在牆上掛一塊長竹片，上鑽有 10 多個小孔，後用小椎架（俗稱「躍裡」）把漿好的紗每錠繞一只，每根紗穿過竹片的小孔，接好後拉直拉齊。然後從左到右依次把紗掛在漾布架的短木上，如果是做一錠長四丈長的布，則要在橫木上掛四根短木，這樣走完一趟便完成了十二根紗的四丈長。再將十二根紗挽一下掛在原先準備的漾布棍上（漾布棍在架前一點），回轉掛到漾布架的短木上，依次往返數次，直到漾市棍上掛中了三六〇根紗（這便確定了每錠布的寬度）。

然後是穿扣。穿扣時，兩個婦女面對面。把扣豎在中間，一個把漾布棍的紗有序地對著扣上的窄縫送過去，另一個用頭髮簪挑出來，再按漾布棍順序排到晾紗棍上，待漾布棍上紗全過完扣，分兩組紮起來便可。為了標記長短，還要在漾布架一端用紅色染料把掛在每根短木上的紗染紅，約一丈長一個記號。然後將掛在漾布架上的紗收起來，有序地繞成一個紗球，只空出穿扣紗。

梳布則需三人協同完成，首先由一婦女將碾布的軸架在兩條直凳上，把穿扣時用的晾紗棍按扣的寬度把晾紗棍壓在軸上碾

緊，這個婦女便稱為「碾布人」。另一個婦女坐在碾布婦女的對面，相距約一丈遠，把紗稍拉緊，這個婦女便稱為「拉布人」。一人碾，一人拉，使紗按扣的寬度繃緊。第三個婦女站在中間，扶著扣從碾布端用竹做成的刷管，慢慢將紗通過扣梳齊，不能有鬆紗和斷紗，碾布人便把梳齊的一段壓在碾布軸上，這時拉布人就得用力拉，但又要緩緩地放出手中紗，中間梳布人扶著扣慢慢把梳齊的這段布送到碾布人近處。然後梳第二段、第三段、第四段……直到碾完紗球。將全部紗碾到碾布軸上後。還要用舊紗按晾紗棍順序將新紗上一根、下一根接齊，俗稱「結接頭」。

紗結好後，便可上織機。上機時把梳布碾好的紗軸平放在機架的末端，接好的結頭掛在織機架上，使之靠近織布人，再把原織布人留下的布壓在織機碾布軸上。結頭上的扣壓在壓機板中間，這時便可試機織布了。因新舊紗間有一個結頭，結頭上的線不暢通，所以開始織布時不能快、不能重，要等織過這個結頭後才可加速，這個過程也稱「過結頭」。

織布時一個婦女半站半坐在織機上，兩腳輪流蹬，使紗一上一下。兩手則不停地拋梭扳機把布壓緊，往返不停。每織了一尺左右要停機，把機前紗軸放鬆，把結頭移在近身邊，把織好的一段布碾在布軸上。不斷地重複操作，一個技術熟練的婦女，一天只能織一丈左右，要織成一錠四丈長的布，需四五天。另加上梳布、漿紗、紡紗等則需十天或半個月的緊張勞動，才能完成。[35]

---

35 余悅主編：《江西民俗》，第 106-108 頁。

第五章・服飾民俗

農家自紡的土布，是江西百姓喜用的衣料。如分宜等縣：

（分宜）為贛西上游，東南西北，風土不同，嗜好亦異。自建邑以來，素稱地瘠，無甚豪富。談到生活，身體衣服除軍裝制服外，四民普通衣棉布，色尚青藍；暑天著夏布，葛紗罕見；寒天穿棉袍，裘皮甚少。自交通便利後，士商漸趨奢華時髦，青年競尚西裝，帽戴博士，身披大衣，鞋著革履，襪用絲織。女子自解放天腳，亦著旗袍、皮履。唯鄉曲農工，尚屬守舊。英諺曰：以時世裝自炫者，裁縫匠之玩物。可謂善謔之詼諧。[36]

（鉛山）男女多布素，雖富貴家亦唯承祭、見賓始按季衣羅綺，貧賤者只粗布、細布。地不宜蠶，種棉花者亦少。麻則隨處皆植，婦女取而績之成縷，別雇機匠織成夏布，間羅布麻，經棉緯布。至各色粗細梭布，綢緞紗羅，俱從蘇杭江漢等處運來，價甚昂貴。[37]

（安義）清咸、同後，光緒中葉前，民間衣料多用土布。安義為產棉之區，雖無大宗輸出，尚足敷本地之用。比戶紡織，每當清夜，環聽機聲軋軋。適光緒二十年後，外貨侵入，有洋紗，而紡織者甚少，有洋大布，而織布者甚

36　民國《分宜縣志》卷十四《風俗志》，民國二十九年（1940）石印本。
37　同治《鉛山縣志》卷五《地理志·風俗·衣服》。

少。[38]

　　（餘干）衣服之備，家以棉花織布，謂家機土布，質厚而堅，於常服最宜，間有土綢，不甚華彩，服者亦稀。績麻為布、為夏布。暑月為帳、為衣。[39]

總的來說，在江西棉的種植遠不如苧麻廣泛，因此，棉布的生產也遠不如夏布的規模：

　　（贛州）龍、定二邑多織木棉布。棉為本地所產，不甚廣。[40]

　　（興國）原有少數農戶零星種植的土棉。[41]

　　（瑞金）隆慶三年，知縣呂若愚始募人買（棉）花種於鄰郡，教鄉民種之，但土性不相宜，難種不生，今亡。[42]

（四）種桑製綢

　　與以苧麻為原料的夏布和以棉花為原料的上布的大規模生產相比，江西雖然也有少量地方植桑養蠶，但數量很小。而且，由於綢緞的穿著價格高昂，不適勞作，民間服用者也不多，一般只

38　民國《安義縣志》卷四《物產志》。

39　同治《餘干縣志》卷二《輿地志二·風俗》，同治十一年刻本。

40　同治《贛州府志》卷二十一《物產》。

41　《興國縣志》卷四《農牧漁業》第一章《農業》第四節，作物·作物分布和品種·棉花，興國縣印刷廠 1988 年印刷本。

42　康熙《瑞金縣志》卷四《食貨·物產》，康熙二十二年刻本。

有達官貴人才穿用，而且往往只在舉行祭祀、慶典的重大場合才穿用。

（安遠）文物衣冠，被服大雅，平時一以布素為主。其尤儉樸者，女嫁時，雖綺羅稠疊，廟見後，藏之在笥而已。[43]

（石城縣）……女麻枲而不農桑。婦無蠶桑之職。[44]

（雩都）蠶，雩俗不樹桑，故蠶不生。惟土蠶生之，飼以烏桕葉，四十日可成繭，靭絲作綢，堅致耐久。[45]

（瑞金）陽都及瑞、石人皆不飼蠶，家園偶種桑樹，皆二、三丈。大樹葉密枝繁，結子如大豆，稍長有蓓蕾，霜後熟，色赤味甘。《四時月令》云：四月宜飲桑葚酒，能理百腫風熱。《瑞金縣志》曰：瑞俗不養蠶，故蠶不生。惟土蠶生之。飼以烏桕葉，四十日成繭，紉絲作綢，亦頗堅靭耐久。州治土俗亦然，飼以桑葉，小女兒以木盤糊紙令蠶吐絲滿，染各色，作袖領、小物亦佳。[46]

（安遠）蠶蛾，眉勾曲如畫，沉香色景。出紺碧間，以猩點金絲。仲春束稻草，將蠶娘寄於上，懸簷頭，其雄自至，先孕而交。蛾生卵，經旬為蠶。西風起，蠶盡死。枝葉

43　同治《安遠縣志》卷一之八《地理志‧風俗》。

44　道光《寧都直隸州志》卷十一《風俗志》。

45　同治《雩都縣志》卷五《土產志》，同治十三年刻本。

46　道光《寧都直隸州志》卷十二《土產志》。

間，防鳥啄蟻蛀，隨時持竿，逐而去之，亦良苦矣。繭綢，本地所出繭包不甚旺，多收買信豐、粵地，以灰水煮其性。繅絲織成匹，韌軟通（適）體。蠶飼烏桕葉，絲稍黑，飼蠟樹葉，色美。選絲細緊，可匹嘉應繭者，精工難成。自製或存之，售者罕焉。**47**

（安遠）湖綿綢，安邑無桑地養蠶，貿易者於蘇湖買絲綿，撚織成匹，精潔韌耐。**48**

（寧都）兩間之大，利農之外惟桑。古者農、桑並重，故耕三可以餘一，耕九可以餘三。州及兩邑縱橫不及五百裡，崇山峻嶺去三之一，為田一萬五千九百七十三頃二十三畝。男婦大小不下八十萬，計口授田，人不及三畝。上納糧賦，下以仰事、俯育，衣服、飲食、醫藥、婚嫁、喪葬之費出其中。其勤者，以其餘力種煙、芋、茶、桐，婦女績苧為布以佐之，然所獲變無幾耳。終歲勤勞之所入，不償終歲之所出。雖遇豐年，僅與平歲等，遇平歲則無以異於凶歲矣。故貧者日趨於貧而無以自存，非興蠶桑之利烏能救此患哉！桑百二十斤，飼蠶五斤，繅絲一斤。桑大者，採葉百二三十斤；中，七八十斤；小，四五十斤。戶種桑三十本以飼蠶，歲可得錢四十千。清明浴種，端節繅絲，僅兩月耳。以有餘補不足，可免稱貸之費。而繅餘之繭擴而為綿，紡之作線；

---

47 同治《安遠縣志》卷一之九《地理志・物產》，同治十一年刻本。
48 同治《安遠縣志》卷一之九《地理志・物產》。

落葉之枝積而為薪；其皮可以為紙；蠶之糞復可肥田；取其二葉以飼牛羊，可辟疫，此又羨餘之利也。州及兩邑十五萬戶，以三分之二種桑、飼蠶，歲得銀四百萬兩，豈非州之大利乎？或謂江西風土不宜蠶桑。夫蠶喜溫而惡寒，桑宜潤而畏燥。古者公桑蠶室，西北之地居多。西北氣寒而土多燥，東南氣溫而土多潤，豈宜於西北反不利於東南哉？且江西與浙江壤相接，兩浙蠶桑之利半天下，奚不可仿而行之也？或謂州俗亦有行之者，桑大僅如錢，桑長不盈寸，吐絲散漫而不成繭，行之無效，故卒棄之。此又人事之未盡，不可委之於風土也。六畜飼之盡其道，無不肥碩者；五穀殖之得其室，無不豐茂。蠶以桑為天，桑不接不茂。既接之後，沃其根使肥，去根尺許鋤其土，使疏暢，越二三年而蓬蓬然，其光油油然，氣旺而力足，以之飼蠶，有不長髮者乎？彼蠶之長不盈寸，所食者野桑也。聽其自生自長而不知培植者，謂之野桑，所食者既無力，借其力以為力，尚望其有力哉？至若散溫面晃成繭，則又有說：風物必有所借以成功。蠶之將吐絲也，去地三尺，承之以箔，藉之以草，復束草縱橫插之。疏密得宜，置蠶於其間，使有掛絲之處。戶必局，竇必塞，毋使風入焉，以弱其力；毋使光照焉，以蕩其神；箔之下熾炭於地，溫溫然助其氣，越三日而繭成。望之如雪，所謂蠶山也。彼置之不得其地，而又多方擾亂之，安至其能成繭哉？或又謂種桑飼蠶之法，既得其詳矣，奈無隙地何？予謂州之隙地多矣。古者樹牆下以桑，凡田頭、地角、屋旁及園圃之內，皆可植也。桑至四月而落其枝，其下仍可植蔬

菜。鋤治滋灌，兩得其益，無相妨焉。至居民稠密之處，凡村外衍之地，木之臃腫拳曲者，予以為盡可伐除以種桑，亦「啟之辟之，其檉其椐；攘之剔之，其檿其柘」之遺意也。或謂其意深遠，行之不盡其宜，奈何？此又不足慮也。兩浙戶戶飼蠶，家家種桑，童而習之，各盡其能。鄉聘一二人以為師，朝夕講求而效法之。利之所在，人爭托焉。不數年而種桑之地陰相接，繅絲之車聲相聞，遂成風俗矣。昔冉有商治庶，孔子曰「富之」，朱子注謂「制田里，教樹畜」。孟子與齊、梁之君言，王道制井授田，必繼以樹蠶。對開賢之言，行之天下，傳之萬世立效，獨不宜於西江乎？陽都之民家無擔石者十居八九，此亦有司責也。丙每與州人士言蠶桑之利，若有難色者，故作是說，以釋其疑。由此說而力行之，十年之後，俗不殷富，戶鮮蓋藏，吾不信也。[49]

以上各種布料織成後，需要以各種顏色染製。在傳統時代，主要的染料是靛藍。贛南一帶有種靛藍的傳統：

> （贛縣）靛，有大小二種，大藍葉如蒿莒而肥厚微白，如蘗藍色。小藍莖赤，葉綠而細密。今為淀者多用小藍，以染布帛。贛屬耕山者種，贛邑尤多。[50]

49　道光《寧都直隸州志》卷十一《風俗志》。
50　同治《贛縣志》卷九《土產志》，同治十一年刻本。

（安遠）靛，大小藍二種。摘葉和石灰，漬汁成淀。七月刈，九月再刈。鄉間禁種熟田，惟山田嶺上栽之。[51]

三、衣式

（一）首服

考古學家和歷史學家們根據文獻和出土的文物進行分析得出，中國早在周代就已經有完整的冠服制度。首服有冕、弁、冠、巾、幘多種。冕是王宮貴族的首服，冕前有旒，因爵位高低而有多少之別。弁是天子至士的常禮之首服。冠是有一定身分人常戴的首服，兒童成年時要行冠禮。因當時人皆束髮受冠，以笄和簪束髮成為慣例。笄和簪因時代不同在質地、式樣、紋飾上都有變化。一般人則戴巾幘。天寒時有皮製冠，下雨時有用莎草製的笠帽。平時只用笄簪束髮，或以飄帶束髮。

先秦時代的江西主要受楚國風尚的影響。成年的楚國男子都要著冠，即所謂的「楚冠」或「南冠」。楚冠大致有三類：扁圓冠，一般為男性的平民及奴隸所戴。凸圓冠，頂部凸起，正中露一大孔，裡和面用絹，緣用錦，後部有一橫縫，正中兩側各露一小孔，後部兩側有二組束帶，為冠系。這類冠可能是中年以上女子禦風寒所用（楚國女子通常不著冠）。切雲冠，為貴族男子所戴，下部罩在髮髻上，中部收束，上部卷曲，下部前端有一

51 同治《安遠縣志》卷一之九《地理志‧物產》。

「丁」字形飾物，下部兩側有纓。西漢時稱帽子為「頭衣」或者「元服」。貴族的頭衣稱為冠、冕。平民的頭衣為巾、幘。皇帝、諸侯所戴禮冠叫做冠旒，沿用周制。平民的頭衣稱帩頭，又稱絡頭、帕頭，為男子束髮的頭巾，與今陝北農民用羊肚手巾包頭相類似。南北朝時，南朝多沿襲魏晉時的漢服，寬衣博帶，高冠長袖。王公貴族和高門華閥的服飾相當講究，多玄冕素帶，朱紱青。北朝多戴氈帽。初唐至盛唐時男子普遍頭戴幞頭。唐初上層婦女外出多冪㖞，全身障蔽。自永徽以後，皆用帷帽，帽裙至領，漸為淺露。武則天時，帷帽全盛。中宗時，冪㖞已經絕跡。

　　秦以後，首服發生了較大改變，漢代文官多戴梁冠；魏晉六朝各代帝王開國建元都定服制，男子多戴籠冠，所用祭服大體上仍承襲東漢制度。北周時，始有演變，男子戴小冠。皇帝的冕服，從六種增加到十種，分別定為蒼冕、青冕、朱冕、黃冕、素冕、玄冕、象冕、山冕、鷩冕、袞冕等等。隋代恢復了漢魏冠冕制度，並增加了大裘冕制。平常百姓男子則戴介幘，唐代，男子多裹幞頭，穿圓領窄袖衫，足穿六合靴；唐因隋舊只作細節變化，如大裘冕之服只適宜於冬季使用，夏季則棄用。後又對其餘五冕進行改制，僅保留袞冕一種，不分場合，各種祭祀都用此服，其他四冕也不廢除，仍具令文，以示禮制之莊重。宋代統治者對於冠冕制度十分隆重，宋人孟元老的《東京夢華錄》：「駕出青城南行曲尺西去約一里許，乃壇也。八外東門，至第二壇里，西南設一大幕次，謂之大次，更換祭服：平天冠二十四旒，青袞龍服，中單、朱舄、純玉佩。二中貴扶侍，行至壇前，壇下又有一小幕殿，謂之小次，內有御坐。」遼代，由於受金人服飾

的影響，男於多髯髮，穿圓領窄袖大袍，足穿高皮靴。元代，受蒙古族服飾的影響，男子改為梳辮，戴瓦楞帽，穿窄袖大襟長袍，足穿革靴。明代，官員多戴烏紗帽。[52]

　　清代，滿人入關，為加強統治，服飾多尋滿人之制。官員多戴暖帽或涼帽。清朝時，科舉時代的秀才、監生、舉人、新爺（捐納的）、老爺（捐納的）等人物，在參加村裡或同族裡春、冬二祭、赴宴、出席公堂會議，或去官府拜見縣令時，必須戴紅纓銅頂（舉人為玉石頂或水晶頂）雁翎大帽（夏、秋季戴衛帽）。從所戴帽子的頂子，就可看出這人的官銜身分，所以俗話說「看人看帽」。清代富人士儒一般戴圓頂瓜皮帽。瓜皮帽上多釘彩色頂珠。一般民眾則多戴棉花線帽、羅口帽（俗稱「帽箍子」）或裹頭巾。老人為了取暖‧多戴風帽或猴頭帽，猴頭帽上安絨球。嬰兒戴百壽帽，小孩戴八仙帽、貓耳帽、狗頭帽、半堂巾子或瓦蓋帽。八仙帽和貓耳帽是在帽子額門上沿鑲八仙、小銀菩薩或「長命富貴」四個小銀字，或在帽披上吊八個銅錢。狗頭帽上要繡花或鑲上銀牌、銀羅漢。半堂巾子和瓦蓋帽因較簡單，多為農家小孩所戴。小孩稍大後戴「轎頂帽」。轎頂帽前沿鑲有一排銀質十八羅漢像、帽後部繫有兩根飄帶，四角安有小銅鈴，搖得叮噹作響。小孩帽式多樣，既為小孩保暖和祈願，又可逗樂小孩。婦女一般裹縐紗，戴包頭，遮首帕，紮「冬頭帕」、「半冬頭」。全南縣北，成年婦女頭上束黑布，稱「裹烏帕」，縣南

52　余悅主編：《江西民俗》，第 102-103 頁。

成年婦女則頭束黑白相間的柳條帕，稱「藍新帕」或「冬頭帕」。「冬頭帕」和「半冬頭」的黑布兩邊均繫上花帶子用以紮頭。紮時，黑布外露在腦額上，花帶子各纏其上，角結打在腦後。「冬頭帕」可包住整個頭頂，用以保暖和防塵。「半冬頭」紮在頭額上用以防風、防頭痛。紅花布和花帶子都是民間家織。紅花布的「花」，全是直線條，以深紅色為主，間雜黑、白等顏色。花帶子也以紅色為主，配以其他顏色織成色彩斑斕的圖案花邊。舊時，龍南縣內農家婦女絕大部分會織「紅花」和「打帶子」，每逢墟日，賣「紅花」的攤點和手拿帶子遊賣的婦女甚多。

民國初年，政府官員、地方紳士仍戴紅頂瓜皮帽或朱頂緞子帽。一般男性，各季都戴瓜皮帽，只是質地、帽飾上有所區別（或戴平頂布縮帽）。婦女和小孩的帽式與清末類似。民國二十年（1931）以後，士紳界盛行戴呢子大禮帽（荷蘭帽）、拿破侖帽（即盔式帽）、羊毛帽（俗稱「縷箕帽」）。青年多戴學生帽、童子軍帽、軍帽或禮帽。勞動民眾夏天不戴帽，春秋戴氈帽或紗織猴子帽（老頭帽的一種），有的用布紮頭當帽，冬天戴布帽或風帽。老人戴棉暖帽或防風帽。青年女子愛戴「菩薩」帽（兩塊尖圓雙層布做成，上綴金屬小菩薩），或以圍裙包頭。婦女因有髮髻而常戴半帽或用絹、線紗、青布裹頭，剪髮後開始戴羊毛帽及毛線帽。嚴寒時老年婦女加紮「耳暖」，坐月子婦女束「紮頭」（耳暖、紮頭均似冬帕）。小孩春、夏季戴自做布單帽或帽箍，冬天戴狗頭帽、鴨舌帽或大、小風帽（風帽俗稱「尾巴帽」，帽前一般有八仙頭像，後有二尾巴，最下擺吊一大方眼錢幣）。

　　（鉛山）舊時，男帽有桃尖、墩子、平等諸樣。女眷矮蹲如拳，續高幾尺而銳……弘治末年以來，稍得中帽，穹窿鬟五寸為度。[53]

《安遠縣志》記載：

　　清代，民眾戴羅口帽（俗稱帽箍子）或裹頭巾布，豪紳戴禮帽、頂子帽。民國期間，成年人男戴布帽、繩子帽、禮帽、學生帽、頂子帽、童子軍帽、船形帽和軍帽，婦女紮布條，裹縐紗；兒童和嬰幼兒戴風帽、狗頭帽、鴨舌帽。[54]

《上猶縣志》記載：

　　清代，富人男的多戴紅頂呢、緞帽，讀書人在莊重場合多戴圓邊呢帽，俗稱禮帽。女的戴繡花絨布包頭，老年人戴風帽，小孩戴各式繡花巾帽，有狗頭式、獅頭式、八仙式、拖尾帽式。貧者多戴青布圓帽，俗稱「和尚帽」。夏季中年婦女晴天外出戴浪傘形涼帽，男的戴草帽。寺下、社溪地區多裹白布頭巾。民國時期，男的除戴緞帽、和尚帽外，流行

53　嘉靖《鉛山縣志》卷二《風俗》，嘉靖四年刻本。
54　《安遠縣志》第二十六篇《宗教·民俗》第二章《民俗》第二節，生活習俗（一）服飾，新華出版社 1993 年版。

毛絨帽，俗稱「簸箕帽」，學生戴陸軍帽、童子軍荷葉帽，小孩則沿襲清代戴各種繡花小帽，城市開始流行「西洋式花帽」。新中國成立後的五〇年代，男青年多戴灰色軍帽，幹部職工戴八角工人帽、草綠鴨舌帽。七〇年代起流行各種帽式；老年戴絨式風雪帽，解放式棉帽、風帽。小學生流行平頂太蓋帽。營前地區婦女，則多以各色鮮豔方頭巾裹夾。[55]

（二）衣服

江西早於戰國時，越滅吳，楚滅越，江西全境最後都歸屬楚。此時江西服飾主要受楚風影響。楚人的服裝按形制區分主要有四類：衣、袍、裳、褲。衣即短衣，又可分為兩種：第一種衣，交領、右衽、直裾，是平民、農奴和生產奴隸的常服，貴族可作便服穿用。第二種衣，有領、對襟、直裾。袍為長衣，流行的程度超過短衣分為兩種：第一種袍，交領、右衽、曲裾，是平民乃至奴隸的常服，貴族是否穿用尚不可知。第二種袍，交領、右衽、直裾，是貴族的常服。與衣不相接的裳，今稱「圍裙」，在先秦不分貴賤，男女老少都可穿用。先秦的褲是所謂脛衣，今稱「套褲」，必須與裳或袍一起穿用。先秦服裝的衣料有絲織品、麻織品、絲棉和毛皮。先秦楚人不分男女都佩腰帶。楚人所穿的履，已知的只有麻鞋一種，形制與後世的布鞋大體相同，鞋

55 《上猶縣志》卷三十三《人民生活》第二章《風俗習慣》第二節，生活習俗，上猶縣印刷廠 1992 年印刷本。

底為麻線編織，鞋幫、鞋頭裡層為細草編織，表層為麻布，鞋幫和鞋口加錦面或絼面。

楚人有挽髻的習慣，方式因男女和尊卑而異。貴族為椎髻，較高。男子椎髻豎在頭頂，女子椎翹在腦後，用布束髻。楚人喜歡穿彩衣和佩戴飾物。

秦以後，江西發生了較大改變，漢代文官多戴梁冠，穿大袖曲裾或直裾袍；女子梳髻，且插珠玉、步搖等，袍服垂地，穿繞襟深衣，衣襟盤施而下。魏晉時，男子多戴籠冠，穿大袖袍衫，褒衣博帶，腰繫圍裳；女子則梳假髻，穿窄袖衣帔子，下穿長裙。南北朝時，男子戴小冠，穿褲褶袖珍襠，褲管膝蓋處各縛一帶；女子梳飛天髻，穿對襟大袖衫，下穿長裙，足穿插笏頭履。隋代，男子戴介幘，穿盆領大袖袍，袖檔杉；女子梳平髻，穿窄袖短襦，長裙曳地，襯腰繫在腹下。唐代，男子多裹幞頭，穿圓領窄袖衫，足穿六台靴；女子梳螺髻，穿窄袖短襦、半臂，下穿長裙，有的肩上搭披帛。遼代，由於受金人服飾的影響，男於多髡髮，穿圓領窄袖大袍，足穿高皮靴；女子則帛巾紮額，穿左衽窄袖長袍，腰間繫帶，下垂過膝。宋代時，官吏多戴長腳幞頭，穿窄袖對襟背子，下穿長裙。元代，受蒙古族的服飾的影響，男子改為梳辮，戴瓦楞帽，穿窄袖大襟長袍，足穿革靴。明代，官員多戴烏紗帽，穿盤領袍，袍的前後還綴有補子；女子梳雙髻、穿寬袖衫，長裙，外穿馬甲。

清代，滿人入關，官員多戴暖帽或涼帽，穿馬褂長袍，袍用馬蹄袖；女子則多梳旗髻，穿旗袍，外穿琵琶馬甲，腳穿花盆底旗鞋。一般老年男人平常穿短裝，冬天穿長衫或長袍；男人衣式

設當胸扣，女人衣式一邊扣（服裝都右開襟）。女式衣服又有老少之分：老年婦女衣式長而寬，少婦衣式短狹而緊身。男女都穿布頭大腰寬腿便褲，以布條或帶子裹勒。婦女冬天外出做客時，要加穿筒裙（少婦則繫八幅繡花長裙）。兒童多穿大面襟衫、穿開檔吊帶褲。一至三歲的幼兒還戴繡花肩衣，俗稱「口瀾枷」、「口水兜」、「厚塔」，主要是用來防止小孩流口水或吃飯時弄髒衣服。

清代，服裝樣式存在明顯的貧富與身分的差異。官吏、士大夫或有功名的人士在參加莊重儀式、出席公堂或會見長官時，必須穿政府規定的禮服，以明身分。文吏身穿前後繡有鳥雀的藍袍或紫黑色（舉人）袍，武官穿前後繡有獸類的長袍，腰繫玉玨圍帶，項掛朝珠，腳蹬朝靴（又稱「官靴」）。他們的妻子頭戴鳳冠，肩披霞帔，身穿只有前襟繡花的禮服，腳著雲鞋；如果是再娶或納妾，則頭戴半鳳冠，肩無霞帔，身穿只有前襟繡花的禮服，腳著雲鞋，以示位卑。有錢的豪紳，備有四季衣服，其款式冬有大襟長羊裘、狐裘或長袍馬褂，夏穿對襟紡綢、干紗大褂搭長袍馬褂。內眷身穿紋羅綢緞縫製的大掩襟短褂和褡褲褲，有的還在上衣外罩穿絲綢之類背塔。無身分的財主，他們沒有資格穿禮服，但在服飾上也很講究。平民百姓只穿粗布縫製的對襟大褂短裝。只有逢年過節，走親訪友時才穿上結婚時所謂的「出堂衣」。[56]

56　余悅主編：《江西民俗》，第 112 頁。

　　由於江西大部屬於江南丘陵地貌，山區分布廣泛，民多尚簡樸，且偏安一隅，衣式受外界影響較小，多留有古風，「衣服所以飾體，亦以禦寒，亦民事所不可略者也。第會邑僻處山陬，俗尚儉樸，故雖縉紳之士，凡遇祭祀、賓客及謁見官長，不敢過於簡率。從未聞以麗都相炫耀者。庶民常服，惟用布素，禮服亦只長衫外褂而已。至於婦女，則衣裙潔素，尤戒奢靡，禮奢寧儉。論者每以為有唐魏之遺風。」[57]

　　分布在江西省興國、吉安、鉛山、貴溪、萬安等縣的畬族，服飾式樣比較簡單。平時，男性主要穿大襟無領青布短衫和無腰青色偏襠褲，袖口和袖管部比較大。婦女則多穿家織藍色麻布，衣袖襟沿鑲花邊，穿過膝短褲，裹綁腿，打赤腳，把頭髮梳成螺式或筒式髮髻盤於腦後。少女垂獨辮，辮梢系以紅絨線。節日服飾比較鮮豔。男性多為大襟褂和偏襠褲，襟邊和袖口都綴有花紋；婦女穿花衫裙，圖案為各種花鳥以及梅花紋或雲頭紋，色彩豔麗。

　　在江西畬族服飾中，以鳳凰裝最具特色。畬族婦女最具風格的服飾是「鳳凰裝」，畬族婦女以紅頭繩紮成頭髻，高高地盤在頭上，象徵鳳髻，衣裳、圍裙上刺繡著各種彩色花邊，鑲繡著金絲銀線，象徵鳳凰的頸、腰和美麗的羽毛，後腰還有隨風飄動的金黃色腰帶，象徵鳳凰的尾巴，周身叮叮作響的銀器，象徵鳳凰的鳴囀。「相傳畬家始祖盤瓠王因平番有功，高辛帝招他為駙

57　同治《會昌縣志》卷十一《風俗》，同治十一年刻本。

馬，在與三公主成親時，帝后娘娘給三公主一頂非常珍貴的鳳冠和一件鑲著珠寶的風衣，祝福女兒像鳳凰一樣給生活帶來吉祥如意。婚後三公主生下三男一女。三公主把女兒從小就打扮成鳳凰的模樣。當盤瓠王的女兒長大成人出嫁時，美麗的鳳凰從廣東鳳凰山銜來了五彩斑斕的鳳凰裝。從此，畲家女兒必穿鳳凰裝，以示萬事吉祥如意。自此相沿成俗，流傳下來，延續至今。年長一點的婦女，頭上披著一方紅巾，從頭頂披到背部，那便是一家之主的主婦了。」[58]畲族婦女喜歡戴著精緻的斗笠，有的在斗笠上飾以色彩斑斕的飄帶，頗具山野村姑的風采。由於畲族大部分人都生活在山區，所以平時穿的衣服也非常樸實，傳統服裝都較短，緊身，適合山區勞動，男子通常穿短袖開襟上衣，婦女則穿右側開襟，衣領、袖口緊縮，並鑲上花邊，顏色也以青藍色為主，那樣的鳳凰裝也只是在結婚或節日裡穿。畲族最典型的服飾為龍冠衫，亦稱「藍冠衫」、「郎冠衫」，是一種長衫，通長是青色、黑色或藍色，四周用月白色或紅色鑲邊，在長衫下擺的開叉處繡有雲頭。每逢過節、喜慶的日子或農閒時走親訪友時他們才穿著。近代江西畲族民族服裝也開始發生變化，他們所穿的服裝基本上和漢族一樣。他們自己沒有織布，一年四季所穿的衣服布料，都是從漢區買來的土布。只有婦女頭上紮的花紋頭布，才能區別出是畲族婦女。

---

58 施聯朱編著：《畲族風俗志》，中央民族學院出版社 1989 年版，第 37 頁。

　　贛南靠近廣東的全南縣瑤山的瑤民在衣著裝飾方面，男子喜歡蓄髮盤髻，並以紅布或青布包頭，穿無領對襟反袖衣，衣外斜挎白巾坎肩，下穿大褲腳長褲；婦女喜歡把頭髮結成許多細辮，繞在頭頂上，並圍以五色鑲邊。無論男女老幼都喜佩戴銀質耳環、頭釵、頸圈、手鐲及胸前銀牌等飾物。婦女進入中年以後，都有用布巾包頭的習慣，生了一個孩子，就要添一層包頭巾，外人只要看婦女頭上的包巾有幾層，就可以知道她已生了幾個孩子。

　　分布在贛南地區的客家服飾繼承了中原文化的傳統，又形成了客家民系自身的一些文化特質。他們作為中原衣冠士族，遷徙定居到粵、閩、贛交界地之後，面對惡劣的生活環境，吃飽穿暖才是最重要的需求。客家人不論男女，人人參加生產勞動、辛勤耕作，為求得溫飽而奮鬥。在衣飾方面，只以蔽體禦寒為原則，以講究實用為出發點。對於服飾上的禮制與等級區分，也就無暇顧及了。此外，客家人所居之地，遠離中原政治文化中心，在中央政權統治與信息相對鬆弛的客家居住地區、禮制也隨之鬆弛，從而也淡化了服飾的禮制與等級內涵。 所以客家人男子，大都是對襟衫、袍褂和大襠褲；女子都是大襟衫、大襠褲，這已經成為客家人的常服。客家人雖然也有做官為宦的，有官職在身，但是他們一般也只有在官府的正式場合，才穿著官服，回到家裡，便換上對襟衫、大襠褲，這已成為習慣。在客家地區，當然也有貧富的區分，但是貧富之家在服飾的樣式上並沒有區別。家境富裕的最多在衣服的用料上顯示出來，他們只不過是多了幾件綢緞的衣服而已，而一般人家則多用棉質布料。實際上絲綢緞子之類

的衣服，客家人也只是在喜慶時日或者特別隆重的場合才穿用。客家服裝的顏色以藍、黑、暗紅、白、灰為主，以素面為多。這幾種顏色，多年不變，代代相沿。

客家人總是深衣大袍，寬衣博帶。這種服裝，穿著舒適，顯得輕鬆瀟灑。所以客家人的服裝，無論上衣或是褲子，都保持了寬鬆肥大的古風。客家人常穿的大襠褲，寬鬆肥大，不束縛身體，這種離體式的服裝，對於常年參加勞動的客家人，是極其舒適方便的。所以說滿清以後的旗袍在客家人很少穿。由於客家人生活的環境大部分在山區，而且常年勞作，還有低下的經濟條件，所以他們的服飾一般都沒有很大變化。

（鉛山）男衣上高及腦，女衣下長過膝，弘治末年以來……衣各齊腰，率用布素，無文采侈靡之飾。[59]

（上饒）舊時男子，衣惟綢布土縑；富者間衣文綺，必襲以布，謂之襯衣。士非顯達，不輒用紵絲。[60]

（鉛山）衣服，男女多布素，雖富貴家亦唯承祭、見賓始按季衣羅綺，貧賤者只粗布細布。地不宜蠶，種棉花者亦少。麻則隨處皆植，婦女取而績之成縷。別雇機匠織成夏布。間羅布麻經棉緯布，至各色粗細梭布。綢緞紗羅，俱從

59 嘉靖《鉛山縣志》卷二《風俗》。
60 同治《上饒縣志》卷十《風俗志・衣服》，同治十一年刻本。

蘇杭江漢等處運來，價甚昂貴。[61]

（廣昌）明初，民舍編茅，男女服食從儉。成、宏以來，承平日久，俗漸奢靡，明末尤甚。喪亂之後，士夫家風雨不蔽，布衣艱食。而販豎編戶，且衣錦綺，被珠翠，盛設珍錯以相侈。孔子曰：「奢則不遜。」又曰：「禮，與其奢也，寧儉。」[62]

（會昌）衣服所以飾體，亦以禦寒。亦民事所不可略者也。第會邑僻處山陬，俗尚儉樸，故雖縉紳之士，凡遇祭祀、賓客及謁見官長，不敢過於簡率，從未聞以麗都相炫耀者。庶民常服，惟用布素，禮服亦只長衫外褂而已。至於婦女，則衣裙潔素，尤戒奢靡，禮奢寧儉。論者每以為有唐魏之遺風。[63]

（信豐）清朝，除士大夫穿綢緞長袍馬褂外，多數男人穿粗布長衫和大褂短衣。寬腰便褲；女的多穿鑲大邊嵌花帶的半長大面襟的上衣和寬腰便褲，勞動婦女加上花圍裙，兒童穿束帶袈衣，開襠吊褲，上罩口圍，乳兒還穿襪褲。[64]

（贛縣）清代，不論長袍、短衫，皆是短領、寬袖、右開大面襟，綴銅扣或結蒜瓣布扣。褲子無褲門，在褲襠上縫

61　同治《鉛山縣志》卷五《地理志·風俗》，同治十二年刻本。

62　同治《廣昌縣志》卷一《風俗》，同治六年刻本。

63　同治《會昌縣志》卷十一《風俗》。

64　《信豐縣志》第六編《社會》第一章《風俗習慣》第二節，生活習俗，江西人民出版社 1990 年版。

上半尺寬的褲頭，用褲帶繫在腰間，稱「打褶褲」。男女褲式相同。服色以青、藍、白為主。兒童和青年女子也穿花布和藍士林布。民國時期，除少數富戶男穿廣裝、女穿旗袍外，一般男子穿對面襟衫，綴蒜瓣布扣。婦女仍穿右開大面襟短衫，男女仍穿「打褶褲」。後逐步有「中山裝」。耕作和做家務時，男子繫「圍裙」於腰間，婦女繫「圍裙」於胸前。建國後，人民生活逐步改善，除部分老人仍穿舊裝外，皆穿新式服裝。[65]

（臨川）晚清時期，粗藍土布盛行，民間都是便裝，男女穿大襟衣、掩腰褲（女服要飾邊，男服不飾邊）。民國時稍有變化，農村婦女穿不飾邊的大襟衣，男人改穿對襟衣。城鎮公務人員、教師、學生穿中山裝、青年裝。商人穿袖長過掌的下港裝。豪紳富戶天熱穿長衫，天冷穿皮袍。闊少穿西裝。太太、小姐多穿旗袍、花裙。解放後，人民群眾的衣式日新月異。[66]

（安義）民國以前男女穿大襟衣、折腰褲。入冬，男戴氈帽，女紮頭巾、縐紗。民國期間，城鎮青年男子多穿對襟便衣或中山裝。女子著旗袍，入夏，穿青布裙。解放後，衣

65　《贛縣志》第三十二篇《風俗‧宗教》第三章《生活習俗》第二節，服飾，新華出版社 1991 年版。

66　《臨川縣志‧社會志》第三篇《風尚習俗》第二章《生活習俗》第二節，服飾，新華出版社 1993 年版。

著大有改變，服式隨時而異。[67]

民國時期，辛亥革命的勝利，兩千多年的封建禮制被打破，繁瑣的衣冠服飾制度也隨之被打破。民國初年，服飾仍多古樸。男子服飾主要有馬褂和長衫，用作禮服的馬褂、長衫，其款式、質料、顏色及尺寸都有一定的格式。在初春或者深秋季節，人們還喜歡在長衫的外面，加穿一件馬甲，用以代替馬褂。女子服飾主要是右開襟、齊膝長的單褂、夾襖、棉襖，不加花邊。每逢宗族祭祀或婚禮喜慶之日，男必穿長袍套馬褂，作為禮服。民國中後期，富有的先生、老板盛行戴禮帽，穿西裝，中山裝，勞動人民冬天戴護耳的氈帽、猴頭帽，夏天多戴自家麥稈編製的長辮草帽。農村婦女多紮頭巾，農村的老婦人多向後梳盤髻。

（分宜）分宜為贛西上游，東西南北，風土不同，嗜好亦異。自建邑以來，素稱地瘠，無甚豪富。談到生活，身體衣服除軍裝制服外，四民普通衣棉布，色尚青藍。暑天著夏布，葛紗罕見；寒天穿棉袍，裘皮甚少。自交通便利後，士商漸趨奢華時髦，青年競尚西裝，帽戴博士，身披大衣，鞋著革履，襪用絲織。女子自解放天腳，亦著旗袍、皮履。唯鄉曲農工尚屬守舊。英諺曰：以時世裝自炫者，裁縫匠之玩

---

67 《安義縣志》卷三十二《風俗、宗教》第一章《風俗》第二節，生活習俗，南海出版公司 1990 年版，第 418 頁。

物。可謂善謔之詼諧。[68]

（吉安）衣，蟒袍補掛（褂），此邑紳在前清所服也，民國禮服仿歐美，尚短，在邑中吾見亦罕。以便服言，時髦多作西裝、中山裝，學生、軍人又自有裝，常人猶沿前代服制，而有士農工商、冬夏、貧富之不同。貧大布，而富綢、呢、嗶嘰、緞，冬皮、綿，而夏紗、羅、紵、葛。士、商長衣馬掛（褂），工商（農）非行禮不長衣，懼其妨操作也。婦女在昔衣短而袖大，並加緣飾；今無緣飾，而袖亦漸小，更有效旗婦御長袍者。摩登女則衣顧長，而袖短至肩，褲短至腿。學校女生裙尚青而高系，下於膝者僅寸餘，又非若舊婦女之裙垂抵焉，色紅而絲繡爛縵（漫）矣。[69]

（信豐）民國時期，男馬褂改對襟寬便衣或對襟背心，長衫便褲襲前；公務員、學生興穿中山裝、學生裝；婦女一般服飾同前，唯不鑲或少鑲花邊；女青年開始改穿嵌小邊的短大襟便衣；官宦和富有之家的婦女穿旗袍、短褲或短衣、褶裙，隨後，廣裝、襯衣、夏威衣、汗衣、背心、毛絨衣、絨衣、大棉襖、皮襖、呢大衣等逐年流行。[70]

（崇義）邑人向稱樸素，衣服不尚華麗，衣料多用藍、

68 民國《分宜縣志》卷十四《風俗志》。

69 民國《吉安縣志》卷三十《民事志・生活》，民國三十年（1941）鉛印本。

70 《信豐縣志》第六編《社會》第一章《風俗習慣》第二節，生活習俗。

白、青各色土布。近年來稍有採用藍、青匹頭洋布者。衣服式樣，鄉人尚沿用老式長衣或短衣，唯一般號稱公務員者多穿中山裝。冬天則穿大衣，大衣布料過去都用棉質，近年購用呢質者漸多。鄉間普通多穿及股短窄衣裳，間亦尚有老年婦人，仍穿長與膝齊大邊大袖之老式衣服，至西裝革履之男裝，及短袖旗袍摩登之女裝，城市稍布，鄉間不大盛行。民國《崇義縣志》（稿本）。

（萬載）舊制云：士夫子弟衣冠樸素。惟二三游民色服華烏，作遊冶態。甚至胥吏輿皂之類，相慕成風，幾於等威無辨，其弊今未盡革。而士大夫家因分致飾，不華靡，亦不寒陋，庶幾文質中度。光緒以還，衣服麗都，所在多有，制度載更，浮靡之習，多口於婦女，實為由知其所底矣。[71]

（雩都）清末民初，富者多穿以綾羅綢緞為原料的長袍馬褂。一般男人流行粗布右衽大面襟闊袖長衫、大掛短衣和寬腰便褲。女人喜歡穿袖口衣擺鑲有花邊的大面襟寬身闊袖齊膝便衣和褲腳鑲有花邊的大筒便褲；也有少數富裕婦女穿衫袖小、身材短的衣服。兒童多穿束帶袈衣，俗稱「和尚衫」，小的還穿襪褲。[72]

（安源）清末和民國年間，官紳多戴禮帽，民間多用瓜

71 民國《萬載縣志》卷十二，民國二十九年（1940）鉛印本。

72 《於都縣志》卷二十三《風俗、宗教》第一章《風俗》第一節，生活習俗，新華出版社 1991 年版，第 576-577 頁。

皮帽，農夫束頭巾。小孩帽上多有繡花及鑲有銀牌、銀羅漢；富家女士帽上鑲金花寶珠。新中國建立後，帽式繁多，冬季女士戴帽、繫圍巾。現中青年男子戴帽的不多，老年人多戴呢帽或鴨舌帽。[73]

（南城）民國時期，農村男子習慣著對襟短上衣，質為家織棉布，用藍靛染色。穿寬大褲腰褲腿的褲子，穿時將褲腰收緊疊於肚前，以褲帶繫緊。褲腿寬便於勞動時卷起。出門則常繫腰布，把上衣下擺紮緊，腰間可插煙桿或小件工具；解下腰布又可作拂塵、揩汗、墊坐以及代替裙褲等用途。夏時戴斗笠，入冬多戴「絮帽」（用粗棉紗勾織而成的青帽，帽簷多採用「串」字或「樂」字勾邊，可翻起或拉下）。婦女喜穿右開大襟的短衣，寬大的便褲。講究的上衣為圓擺、花邊、繡襟、盤扣，花色多樣，料子較好。一般婦女家居時，喜歡在襟前掛一圍腰。年紀大的用青或藍色底布，不加裝飾；年輕的喜以紅、綠色或花布為底子，中間繡花，周圍鑲邊。圍腰上角用帶子或銀鏈掛在頸上，側以扁繩繫於腰背。

城鎮男子在家常穿對襟短衫便褲，外出則戴禮帽、穿長衫，天寒加長袍或套馬褂。公務人員和青年學生多穿四個口袋的「中山裝」或左上一、下二個暗口袋的「學生裝」。婦

73 《安源區志》第三十三卷《風俗、宗教》第一章《生活習俗》第一節，服飾，方志出版社 2006 年版。

女多穿旗袍，分長、短袖兩種，也有在右開大襟上衣下配以長短裙子的。或綢或緞，色彩絢麗。[74]

由於江西南部緊挨廣東省，在著裝方面部分地區受廣東省影響也較多。

（大余）「清末和民國初期，婦女穿大面襟衫，寬衣大擺，衣長過膝，衣裙垂地，袖口和衣下擺鑲花邊，衣服釘銀、銅質扣或蒜結布扣。穿褶褲腰便褲，男穿對面襟（也有大面襟）短衫，也穿褶褲腰便褲。士紳一般穿長衫套馬褂，少數穿西裝。[75]

二十紀三〇年代，西裝、中山裝、旗袍和羅裙等逐漸流行。長袍、馬褂逐漸退出歷史的舞台，時尚青年、留洋者則愛穿西裝，戴禮帽、下著皮鞋。普通鄉民則衣著簡樸，男子，夏天上穿布背褡，下著齊膝長的斂頭短褲，質地多為粗布。伏天，田間勞作者多赤膊，下身圍一白、藍長手巾布遮羞。婦女勞作時，都有繫圍裙、戴套袖的習慣。

74　《南城縣志》卷三十《社會》第四章《習俗》第五節，衣食住行，新華出版社 1991 年版。

75　《大余縣志·民情風俗·生活習俗·服飾》，三環出版社 1990 年版。

（於都）三〇年代以後，一般男人改長衫為大面襟短衫和對面襟廣裝。政教界多穿中山裝和學生裝，個別穿西裝佩領帶。女人則多穿大面襟緊身便裝、便褲，少數配以上衣下裙和旗袍短褲。當時，藍色士林布推為上乘。南康縣唐江、潭口的棉布也甚為流行。老人和婦女還喜愛寧都苧麻夏布，說是「三月三，搖機褲子搖機衫」，襯衣、毛絨衣、絨衣、棉襖、皮襖、呢大衣也逐漸流行。[76]

（崇義）邑人向稱樸素，衣服不尚華麗，衣料多用藍、白、青各色土布。近年來稍有採用藍、青匹頭洋布者。衣服式樣，鄉人尚沿用老式長衣或短衣，唯一般號稱公教員者多穿中山裝。冬天則穿大衣，大衣布料過去都用棉質，近年購用呢質者漸多。鄉間普通多穿及股短窄衣裳，間亦尚有老年婦人，仍穿長與膝齊大邊大袖之老式衣服，至西裝革履之男裝，及短袖旗袍摩登之女裝，城市稍布，鄉間不大盛行。[77]

可見，當時平民百姓的衣著還是很樸素、很傳統的。貧富差距還很大。穿西裝革履的畢竟還是少數人。

（分宜）四民普通衣棉布，色尚青藍；暑天著夏布，葛

76　《於都縣志》卷二十三《風俗、宗教》第一章《風俗》第一節，生活習俗，新華出版社 1991 年版。

77　民國《崇義縣志稿》卷四《人文篇・社會》，民國三十七年（1948）稿本。

紗罕見；寒天穿棉袍，裘皮甚少。自交通便利後，士商漸趨奢華時髦，青年競尚西裝，帽戴博士，身披大衣，鞋著革履，襪用絲織。唯鄉曲農工，尚屬守舊。英諺曰：以時世裝自炫者，裁縫匠之玩物。可謂善謔之詼諧。[78]

一般女子則穿高領、窄身短襖和黑色長裙相配，基本不佩戴手鐲、耳環、戒指之類的飾品，但是也有不少女性追趕時髦，穿旗袍，著高跟鞋。

（分宜）女子自解放天腳，亦著旗袍皮履。[79]

民國時期可以說是以一個婦女開始解放的時期，這時大多婦女剪去長髮，開始留短髮，而且裹腳的陋習開始廢棄。

（安義）至於婦女服裝，在清時上衣下褲而圍以裙。迨民國十六年後，漸去髻截髮，冬季則改御長袍。夏季則短衫窄袖露肘，短褲腰裙露腿，奇裝異服，恬不為怪。然鄉間婦女服御仍多樸素，第天腳、截髮之風大開，亦婦女解放之一端耳。[80]

78　民國《分宜縣志》卷十四《風俗志》，民國二十九年（1940）石印本。
79　民國《分宜縣志》卷十四《風俗志》。
80　民國《安義縣志》卷四《物產志》。

近代時髦婦女外出時還喜歡外加一件披風。披風又稱「大氅」，實質是從前的斗篷。除夏季不用外，其餘季節都可穿。在質料上，除單的以外，還有夾的、棉的和皮的等。外表一段都用流行的綢緞縫製。顏色以綠色為時髦。也有用大紅、粉紅、咖啡及灰色的。但三十歲以上的婦女多穿深色的披風，有的還用濃重的黑色，以示穩重端莊。披風的長度一般到膝蓋部位，只有在冬天才略長些，披風的兩襟雖然釘有銀扣或帶子，但婦女在穿著時多不扣，而任其敞開，以示氣派和風度。二十世紀三〇年代後，在秋冬之際，婦女除穿披風外，還有穿西式大衣的。裡面則仍穿一件中式旗袍。

農民衣著與清末相比無多大改觀。中青年男子盛行穿對襟便裝，中青年婦女多穿對襟短衫、西裝褲，老年婦女仍穿大面襟衣及便褲。農村的富戶、商人仍多穿長衫，冬季穿棉袍或羊皮袍。民國二十三年（1934）組建童子軍後，少年兒童穿童子軍裝和學生裝。贛南地區有些小孩習慣穿「百家衣」，布料是向各家討來的，剪成方形或菱形、三角形、拼縫成衣。民間認為討來之物是「貧賤」（諧音「平健」）的，寓意小孩穿此衣便會平安健康。

中華人民共和國成立後，人們逐漸脫去了長袍馬褂，女裝大都為適身的列寧裝，連衣的「布拉吉」（俄文譯音，即連衣裙），背帶式工裝褲，西式長褲等。江西人民雖然貧富差距縮小，但是經濟發展還比較落後，所以普通百姓依然非常簡樸，衣服經常是「新三年，舊三年，縫縫補補又三年」，但是穿著乾淨，注意修邊幅，顏色多為青、灰、藍色。男裝以中山裝為基本款式，進而擴展出人民裝、建設裝、青年裝、軍干服等等。畬族人的民族服

裝早已改變了，他們在節日上婦女也不會穿上民族服裝。有些老年婦女還保存著幾套民族服裝，是用自己種的苧麻織成的布，但所綴成的花邊也很簡單，只是在衣服邊緣加上幾條花邊而已。有些畲族男女，從胸部到膝蓋帶上一條圍巾，類似工作服，也可當保暖用。老年婦女穿的是繡花單鼻鞋。年青男女則是穿球鞋、回力鞋等。在髮飾上，年輕婦女絕大多數已改梳兩條辮子或剪短髮，與漢人髮式無區別。已婚婦女未婚青年髮式都一樣，有些婦女還戴耳環。只有老年婦女髻是梳在頭後頂端，還加上一個黑帽。

隨著經濟的發展，到二十世紀七八〇年代，江西的服飾越來越新潮，服裝的布料越來越多，有滌卡、滌棉、滌綸、腈綸、尼龍等，一些知識分子多穿白襯衫，外面套西裝，青年人則多穿拉鏈衫，牛仔褲也開始流行起來，女子夏天多穿裙子，春秋著大衣、毛衣，但一般勞動婦女只是簡單的上衣、長褲。八〇年代以後，江西人民的服飾追求服裝時髦美觀，款式日新月異，顏色豐富多彩，各種化纖、毛料、絲綢縫製的服裝以及用毛線、開司米編織的外套、背心、健美褲等廣泛流行。九〇年代以後，隨著經濟的發展，交通的便利，江西人民的服飾緊跟時代潮流，變化多端，多姿多彩，尤其是女士服裝，越來越體現美的追求。

（三）足服

1. 鞋。周代至春秋戰國時期的鞋有屨、履、屩、靴等。先秦時代的江西在服飾方面主要受楚國的影響。楚人所穿的履，已知的只有麻鞋一種，形制與後世的布鞋大體相同，鞋底為麻線編

織，鞋幫、鞋頭裡層為細草編織，表層為麻布，鞋幫和鞋口加錦面或綈面。[81]南北朝時服制沿襲魏晉，一般士人或者貧者穿草鞋。南北朝時，南朝多沿襲魏晉時的漢服，寬衣博帶，高冠長袖，腳著木屐。一般士人或者貧者穿草鞋。北朝穿靴。初唐至盛唐時，男子多足蹬長靴或軟皮靴。中晚唐時期，上層社會的男子服飾又恢復了秦漢時的寬袍長袖，長裙高履。婦女的足衣因循隋代，為足蹬弓履或高頭履，即所謂「小頭鞋履窄衣裳」。

清代，農村男女穿的布鞋多由婦女製作。夏天穿自製木屐，俗稱「拖板」。冬天逢下雨穿木屐底布鞋。成人上山或走遠路多穿草鞋。平日在家穿布鞋。布鞋鞋底是由許多層布黏襯，並用麻線緊針納就的叫做「千層底」。布鞋有左右腳都可穿的平直形鞋和分左右腳的彎形鞋兩種。男人穿的布鞋多為黑色布面，白底，有圓口、淺口之分。女子出嫁時穿翹鼻繡花鞋。遇新喪，後輩第二年要穿藍面白邊鞋，以示孝敬。富人也穿布鞋，但做工較精緻，布質較好。雨天，男女都穿高屐。高屐是一種木頭鞋，先將木頭加工成鞋形，切削成前後兩塊使中間活動，然後將薄底布鞋釘在上面。兒童多穿軟底鞋、繡花貓頭鞋。

民國初年，縣城裡的體面人家從外地引進了用牛皮做的釘鞋（皮製的、鞋底有鞋釘並塗了桐油），後來逐漸普及，市面上開始出現釘鞋鋪。約從民國二十年（1931）後，有錢人在雨天始穿套鞋（即橡膠雨鞋），因其價格昂貴，一般人望塵莫及。晴天多

81 余悅主編：《江西民俗》，第 102 頁。

穿力士鞋，農民在晴天則打赤腳的居多，上山砍柴或走遠路一般
仍穿稻草編織的草鞋，做客、天冷或者臨睡前才穿自製的布鞋，
民國二十年（1941）後，各縣城開始出現皮鞋鋪，有錢人外出多
穿皮鞋。五四運動之後，提倡婦女放腳。後來放了腳的小姐、太
太有的穿高跟皮鞋。

（鉛山）男子即百金之產，出入乘屨步行，賓見僅青鞋
布襪，靴用牛革而已，故積薄而裡常後。[82]

（萬載）昔者婦女足尚小，厥屨花樣百出，束縛解後，
大率文明，其鞋作花者寡，時髦女則御高跟鞋。男子履，前
有蝴蝶，作三層雲形，近四十年一致用瓦式鞋。兒童舊鞋多
花，今亦弗鑿。製履之質，華者或緞，或呢，或絨，或嗶
嘰；樸者御布已耳。棉鞋、毛線鞋為隆冬所需。行於雨中
者，在昔曰木屐，曰釘鞋，曰水靴；今曰皮履，曰膠鞋。[83]

（南康）解放前，官紳富戶，穿鞋按季節變換。熱天穿
單布鞋，冬天皮鞋、棉鞋，雨天膠鞋、雨鞋。窮人熱天多赤
足或穿草鞋、拖板子（木拖鞋），冬天穿自做布底圓口單布
鞋，雨天穿自做布面（桐油塗抹）木底（釘釘）的釘鞋。婦
女愛美，喜在鞋面上刺繡各種花朵，稱繡花鞋。[84]

82 嘉靖《鉛山縣志》卷二《風俗》，嘉靖間刻本。

83 民國《萬載縣志》卷一之三《方輿·風俗》。

84 《南康縣志》卷二十九《風俗習慣》第二章《生活習俗》第二節，
服飾，新華出版社 1993 年版。

中華人民共和國成立後，二十世紀五六〇年代，盛行力士鞋（後改稱為「解放鞋」）、球鞋、皮鞋、布鞋、淺統套鞋。高屐約從五〇年代後期基本絕跡。七〇年代盛行各式塑料涼鞋、拖鞋、塑料底布鞋、橡膠底布鞋、半高統及高統套鞋，自做的布鞋已不多見。八〇年代，冬、春、秋以穿皮鞋、球鞋、暖鞋（即棉鞋）、旅遊鞋的居多，夏天以塑料涼鞋、皮涼鞋、拖鞋為主。九〇年代後，盛行各種款式、不同品牌的皮鞋、旅遊鞋、運動鞋及布鞋等，大小鞋店，各具特色。

　　（信豐）清朝，男人穿布襪、蓋子厚底繡花襪、淺底烏布鞋、木高底雨鞋、暖棉鞋；女人則穿尖嘴繡花鞋、淺烏繡花鞋；兒童穿圓口頭花鞋、軟底鞋；嬰兒裹腳布，不穿襪。民國時期，開始有人穿膠雨鞋、球鞋、力士鞋和豬牛皮高跟鞋、長筒靴；多數人仍穿簡單的布鞋和木屐，穿棉紗襪的逐漸增多。新中國成立後，男女多穿膠質或塑料、皮革鞋，穿布鞋的漸少。鞋的花樣增多，有雨鞋、兩用鞋、高跟皮鞋、拖鞋、運動鞋、旅遊鞋等。襪子則多為半長、中筒的尼龍襪、紗襪、雙底襪、絲光襪、毛巾襪、毛線襪等。[85]

　　（南康）解放前……現在，除鄉村部分中老年穿自做的布底或塑底布鞋外，絕大部分穿市售塑底布鞋、皮鞋、皮或

85　《信豐縣志》第六編《社會》第一章《風俗習慣》第二節，生活習俗。

塑涼鞋、球鞋、旅遊鞋、解放鞋、膠或塑拖鞋。婦女多穿半高跟鞋，城鎮婦女不少穿高跟鞋。雨天都穿長筒雨鞋，不少農民耕作時也穿長筒雨鞋。除勞作時可見赤腳外，平時無赤腳者。[86]

　　（上猶）清代，男的多穿布靴或青布尖頭便鞋，女的穿繡花翹咀鞋（俗名六翹鞋），雨天男女老幼穿木屐（一種以 1 寸厚木板為底，釘屐釘防滑的防雨鞋）。民國時期，男的多穿青色布底鞋，女的穿繡花鞋，富有之家穿牛皮底鞋、橡膠底鞋、力士鞋、防水膠鞋，極少人穿高跟皮鞋。新中國成立後，五○年代起除穿淺口布鞋外，逐步流行解放鞋、力士鞋，各式底型的牛皮鞋、塑料涼鞋、泡沫底鞋、各色長短雨靴。式樣繁多，新穎美觀。[87]

　　（贛縣）縣民穿鞋歷來重視堅固耐用，多穿用蘆麻納為底的布鞋。底分平直（兩腳可互穿）和彎形（分左、右腳）兩種，鞋面多為黑色。兒童和婦女也有穿繡花鞋的。遇新喪，後輩翌年要穿藍面白邊鞋，以示孝敬。舊時勞作或外出，多穿用稻草或黃麻結成的草鞋。雨天男女均穿木屐，少數富豪穿橡膠雨鞋。新中國成立後，多穿塑料底布鞋和各種塑料晴雨鞋。夏季風行塑料涼鞋、拖鞋。橡膠雨鞋得到普

86　《南康縣志》卷二十九《風俗習慣》第二章《生活習俗》第二節，服飾。

87　《上猶縣志》卷三十三《人民生活》第二章《風俗習慣》第二節，生活習俗。

及。人們穿鞋由重堅固耐用變為重舒適美觀。皮鞋、高跟鞋、旅遊鞋也逐步向農村普及。[88]

（於都）清末民初，男人多穿自縫白布襪和頭部嵌有雲朵圖案的厚底「蓋腦鞋」、暖棉鞋、布面或棕面木底屐鞋。貧者熱天穿草鞋、木板鞋。女人則穿尖頭繡花鞋，腿著腳圍（俗稱「水附」），腳纏裹足布，一般不穿襪子。兒童穿圓口繫帶鞋。[89]

2. 襪子。周代至春秋戰國已有襪子，又稱「足衣」，以熟牛皮製成。古人以跣足不著襪為至尊有禮，登席時必須脫襪。西漢時已有足衣即襪子，用革、絲、布帛做成。襪高有一尺多，上端有帶，穿時要將襪帶緊束，謂之「結襪」。

清末民初男女襪子都是用布縫製的，叫做「水褲」。女青色，男白色，有的男人冬天還用白布包一層裹腳布取暖，俗稱「包腳布」，而婦女除布襪外，還要加纏腳裹帶。約從民國二十一年（1931）開始紗襪才逐漸普及。為使襪底耐磨，婦女喜歡用厚布緔襪底。

江西在著襪習俗方面基本上與社會整體的風氣相一致，「邑之襪向係布質，寒則綿其中，暑則易以竹布。今唯鄉閭尚有布

88 《贛縣志》第三十篇《風俗、宗教》第三章《生活習俗》第二節，服飾。

89 《於都縣志》卷二十三《風俗、宗教》第一章《風俗》第一節，生活風俗。

襪，城市中人襪皆線所結，間或御絲絨、毛織等襪。婦女亦然，絲襪者百之一，線襪者百之九五，唯疇昔女足皆不襪，以布帶裹之。」**90**

　　二十世紀五〇年代初人們普遍在冬天時才穿襪，且穿長筒紗襪；青少年及國家幹部逐漸喜歡穿短襪，且在夏天也常穿。七〇年代後，夏天開始穿絲光襪，年輕婦女穿長筒絲光襪配短裙，冬天穿尼龍襪、毛巾襪、毛線襪。八〇年代後，由於盛行穿絨褲、毛線褲、尼龍褲、棉毛褲等。城鄉人民普遍穿短襪過冬，長筒紗襪已消失，並且對襪子的式樣開始講究。九〇年代，出現了各式的短絲襪、長筒襪。人們除了嚴寒的冬天穿各式的純棉襪外，春、夏、秋三季基本上都是穿各種不同厚薄的絲襪，穿裙的婦女還穿長統絲襪。最近幾年，又出現了各式的透明水晶襪。

　　（安遠）新中國成立以前，男多穿布襪子，女多穿裹腳布。新中國成立初期，穿長、短紗襪。一九八〇年起，中、青年人普遍穿尼龍短襪。**91**

　　（上猶）清代男女均穿粗布襪，貧者不穿襪以粗帶裹腳取暖，俗謂「綁帶」。民國時期，流行棉織各式長筒紗襪，間有穿絲光短襪的，多為豪富子弟。新中國成立後，五〇年

90　民國《萬載縣志》卷一之三《方輿‧風俗》。

91　《安遠縣志》卷三十三《人民生活》第二章《風俗習慣》第二節，生活習俗，新華出版社 1993 年版。

代，男女冬穿棉紗長襪，夏天不穿襪。六〇年代始流行各式短襪，尼龍短襪、絲光短襪、混紡花襪等多種多樣。除老年外一般不穿長筒襪。唯城鎮青年婦女逐步流行長筒各色絲光襪。[92]

（南康）四〇年代初，穿自縫布襪。新中國成立前後穿線或紗襪（俗稱洋襪）的越來越多，布襪逐漸淘汰，到五〇年代後期已不復見。現在，都穿尼龍襪、錦綸襪、絲襪。夏天，城鎮青壯年婦女不少穿過膝的長絲襪。除部分老人穿錦綸底長線襪外，一般大人小孩都穿短襪。[93]

第三節 ▶ 附加飾物

中國自古便有「衣冠王國」之稱，在兩千多年的封建王朝的統治下，服飾不僅僅起到遮羞、保暖的作用，還體現了中國尊卑、崇禮重教的文化思想。中國幅員遼闊，民族眾多，所以不同的地方服飾都蘊含了當地的地域風情和民族文化。「服」和「飾」是不可分割的一個整體，兩者只有搭配得恰到好處，才能散發出服飾的最大魅力和她的文化內涵。「飾」是服飾中最具光彩的一部分，它們不僅在形式上起到了錦上添花的作用，更重要的是蘊

92 《上猶縣志》卷三十三《人民生活》第二章《風俗習慣》第二節，生活習俗。

93 《南康縣志》卷二十九《風俗習慣》第二章《生活習俗》第二節，服飾。

含了當地的民俗文化。孔子曾說：「君子不可以不飾，不飾無貌，無貌不敬，不敬無禮，無禮不立。」

（鉛山）衣各齊腰，率用布素，無文采侈靡之飾，至有不識珠玉為何物者。[94]

（安義）清代男子和少女皆留長辮，已婚婦女均梳髮髻，頭插荊釵、骨簪。小孩帶頸圈、手鐲、銀鎖。三歲女童開始纏腳，以腳小為美。

民國以後，男子剪去長辮，城鎮女子始留短髮，政府嚴禁纏腳。新中國成立後，以艱苦樸素為社會公德，人們不太講究裝飾。進入八〇年代，男青年喜蓄長髮，婦女則愛燙髮，髮式頗考究，有爆炸式、波浪式、蘑菇式、披肩式等。金銀戒指、耳環、手鐲、手鏈、項鏈等裝飾品重新面市。[95]

（贛縣）清代，富戶男戴戒指，女插頭釵、戴戒指、手鐲、垂耳環。貧民無貴重飾物，女子稍有講究，出閣後，圍裙佩銀鏈，有的戴銀鐲。民國時期，富者的飾物增加了懷錶、手錶。[96]

94 嘉靖《鉛山縣志》卷二《風俗》。

95 《安義縣志》卷三十二《風俗、宗教》第一章《風俗》第二節，生活習俗。

96 《贛縣志》第三十二篇《風俗、宗教》第三章《生活習俗》第二節，服飾。

一、頭飾

原始社會早期的先民，一般都留長髮，只有俘虜才被剃去須髮，普通男女大多將頭髮披散在肩上，《韓非子・說林》中就有關於「縞為冠之也，而越人被髮」的記載。[97] 隨著社會的發展，人們逐漸感到披髮並不方便，才用繩帶繫束，也有將獸骨、玉石等打磨成各種形狀，然後再用繩子串聯，罩在頭上的，這也許是最早的髮飾了，既起到方便的作用，又達到了美的功效。在原始社會江西地區很少有衣冠文物出土，所以無從考據，只能從全國出土文物來了解原始社會的髮飾文化了。西安半坡出土的人面魚紋，有綜髮至頂，頂中央束髮髻，髮髻上橫插髮笄的形象。一九八七年，浙江余杭縣良渚文化遺址出土的冠形玉飾，常有線雕人紋，頭上都戴羽冠，可以說在遠古時期人們就已經很重視頭飾的裝扮了。[98] 但這一時期的頭飾裝扮最主要的還是實用價值。

在商周時期，首飾配飾已經演變成為當時服飾藝術的精華，除了賦予宗教內涵外，更賦予了階級的內涵。奴隸主階級對首飾佩飾極為重視，設立了專門的手工作坊來生產，當時的首飾佩飾，有骨、角、玉、蚌、金、銅等各種製品，玉製品最為突出。周代男女都用笄，笄的用途除固定髮髻外，也用來固定冠帽。而且從周代起，女子開始行插笄之禮，稱「笄禮」。男子行加冠之

97　《韓非子・說林上・徙越》，上海古籍出版社 1989 年版。

98　黃能馥、陳娟娟：《中國服飾史》，上海人民出版社 2004 年版，第 13 頁。

禮，稱為「冠禮」。《中華古今注》稱：「女子十五而笄，許嫁於人。」[99] 女子行過笄禮後就表明成年了，可以嫁人了。男子一般在二十歲行冠禮。行笄冠禮儀式比較隆重，富貴之家尚需以酒宴接待賓客，一般百姓家就比較簡單。江西也無不例外，男女到了一定年齡都行加冠之禮，只是在時間上無從考據。同治《都昌縣志》載：「前代生子而見及冠笄之儀，皆無傳。男子始生總角，七歲蓄辮，髮加冠，十五歲命字；女子十歲蓄髮，十三歲加髻簪以笄。」[100] 看來江西人的加冠年齡要早一些。

春秋戰國時期，江西是地兼「吳頭楚尾」，髮飾形制也兼具吳楚風致。「楚人的髮式冠戴也較獨特。女子髮髻後傾，為後世仿效。男子髮式，貴族多為高聳危冠；平民、奴隸大多椎髮。」[101] 從湖南長沙男子楚墓出土的《人物御龍帛畫》及長沙陳家大山楚墓出土的《風變人物帛畫》可知，男子一般頭戴峨峨高冠，冠帶繫於頷下。女子則在腦後綰一髮髻。（如圖）楚國男子成年的標誌就是冠，這與中原禮俗一致。因其形制不同於其他地方，稱為「楚冠」、「南冠」。還有切雲冠，為貴族男子所戴，用極其輕薄的絲絹製成，上部卷曲，中部收束，下部前端有「T」形飾物，罩於髮髻而結纓垂於額下；扁圓冠，其冠戴似為古代約髮的頫，為男性平民及奴隸所戴；凸圓冠，頂部凸起，正中露一大孔，裡

---

99 （五代）馬縞撰：《中華古今注》卷中《頭髻》，中華書局 1985 年版，第 18 頁。

100 同治《都昌縣志》卷一《封域志·風俗·冠禮》，同治十一年刊本。

101 黃士龍：《中國服飾史略》，上海文化出版社 1994 年版，第 34 頁。

和面用絹，邊緣用錦，後部有一橫縫，正中兩側各露一小孔，後部兩側有二組束帶，為冠繫。這一時期，平民和貴族在髮飾上已經有了差別，那就是貴族頭上戴冠，而貧民只能帶巾幘。

秦統一六國後，開始確立了貴族戴冠，貧民帶巾的制度。江西自然不例外，漢承秦制，貴族們的冠種類繁多，《後漢書・輿服志》中就有冕冠、長冠、委貌冠、皮弁冠、爵弁冠、通天冠、遠遊冠、高山冠、進賢冠、法冠、武冠、建華冠、方山冠、巧士冠、卻非冠、卻敵冠、樊噲冠、術氏冠、鷸冠等十九種之多。[102]巾幘則成為漢代男子普遍的首服，《東漢會要》卷十「釋幘」云：「幘者……至孝文乃高顏題，續之為耳，崇其巾為屋。合後施收，上下群臣貴賤皆服之。文者長耳，武者短耳，稱其冠也……武吏常赤幘，成其威也。」[103]

漢末魏晉時期，由於政局的混亂，經學的解體，禮制的衰落，貴族戴冠，平民帶巾的禮俗被打破，許多人為逃避現實而退隱山林。從而出現了一些隱居之士所戴頭飾。如，雲冕、露冕、角巾、鹿皮巾，在江西普通民眾中最為流行的要數綸巾和角巾了，又稱諸葛巾。魏晉男子首服的形式，原為幅巾之一種，傳說為「諸葛巾」。《三才圖會・衣服》：「諸葛巾，此名綸巾，諸葛武侯嘗服綸巾，執羽扇，指揮軍事。」[104]蘇軾《念奴橋・赤壁懷

102 （漢）范曄：《後漢書・志》第三十《輿服上》，中華書局 1965 年版。

103 （宋）徐天麟撰：《東漢會要》卷十《釋幘》，中華書局 1955 年版。

104 （明）王圻、（明）王思義輯：《三才圖會》中冊《衣服一卷・諸葛

古》：「羽扇綸巾……」相傳東晉名士陶淵明隱居山林，常以此巾濾酒，用完後仍戴在頭上，《宋書·陶潛傳》記：「郡將候潛，值其酒熟，取頭上葛巾漉酒，畢，還復著之。」角巾，又叫菱角巾，它的造型與菱角相似，所以叫做菱角巾。南朝宋雷次宗《豫章記》：「王鄰隱西山，頂菱角巾，又嘗就人買菱，脫頂巾貯之。嘗未遇而嘆曰：此巾名實相副矣。」而當時的髮髻也是五花八門，南京西善橋東晉墓出土的「竹林七賢」印磚，山濤頭裏巾，赤足屈膝坐在皮褥上，劉伶頭梳雙丫髻，雙丫髻本是少年的裝扮，其人當中一人散髮，三人梳丫角髻，四人著巾，充分表現了他們崇尚虛無，灑脫自然的氣質。我們從東晉南朝墓葬中出土的大量女套裝身上，可以看出當時的髮髻裝扮繁雜，有扁平彎曲的十字花式髻、半月形扇形髻、垂鬟紋花髻和雙鬟式飛天紒等。而且假髻被定為命婦首飾，《晉書·輿服志》云：「皇后謁廟，其服皂上皂下，親蠶則青上縹下……首飾助假髻、步搖。」[105]大概是由於此風盛行，所以一時造成用髮緊張的問題。在江西大多數的貧苦人家，因為無能力置辦假髻，而又十分喜愛，所以經常向人借之使用。此外，在江西還流行一種專供支撐假髮的釵子，在撫州晉墓出土的金雙股髮釵就是作固髮用的，一股為錐形，一股帶鉤。

巾》，上海古籍出版社 1988 年版，第 1503 頁。

105 黃能馥、陳娟娟：《中國服飾史》，上海人民出版社 2004 年版，第 207 頁。

唐代婦女髮飾名目繁多，僅髮型就有很多種：「倭墮髻、螺髻、半翻髻、驚鵠髻、雙鬟望仙髻、拋家髻、烏蠻髻、盤桓髻、同心髻、交心髻、拔叢髻、回鶻髻、歸順髻、鬧掃妝髻、叢梳百葉髻、高髻、低髻、鳳髻、小髻、側髻、囚髻、偏髻、花髻、雲髻、雙髻、寶髻、飛髻等」。[106]多插花釵或小梳子點綴，隋唐髮釵做雙股形，有的一股長一股短，以利方便插戴，湖南長沙隋墓曾出土銀質鑲玉的髮釵，釵首做花朵形，名為釵朵，這種髮釵同樣在江西也很盛行。中晚唐後，有專供裝飾用的髮釵，釵首花飾近於鬢花。晚唐適應高髻的實用，出現長達三十到四十釐米的長釵，有花鳥釵、花穗釵、纏枝釵、圓錐釵等，用模壓、雕刻、剪鑿等工藝做成。自魏晉流行在婦女頭上插梳之風，至唐更盛，這種梳篦常用金、銀、玉、犀等高貴材料製作。插梳方法，有單插於前額、單插於髻後、分插左右頂側等形式。至晚唐、五代，頭上插的梳篦越來越多，有多到十來把的。元積的《恨妝成》：「滿頭行小梳，當面施圓靨。」說明當時婦女頭上戴的梳子如此之多。名目繁多的髮飾只有富貴人家之女才戴得起，勞動婦女由於長期從事勞動，也不適合這麼複雜的頭飾。

　　宋代頭飾中顯而易見的變化是男子頭上的冠、幘不見了，改戴幞頭，傳說唐代幞頭的定型源於唐太宗採納馬周的建議，幞頭式樣為三折兩腳，但其實幞頭五花八門。唐代婦女用花釵，宋代

---

106 黃能馥、陳娟娟撰：《服飾志》，上海人民出版社 1998 年版，第 278 頁。

婦女改用花冠，而且冠的形狀高大，有的高三尺，多用各色羅絹或通草做成，上面加金、玉、玳瑁、珠子、翠等點綴。所謂冠梳，是北宋時期婦女髮髻上最有特點的一種裝飾，一般用漆紗、金銀從珠玉等製成兩鬢垂肩式的高冠，然後在冠上插以數把長梳，這種妝飾初見於宮中，後普及於民間，並成為婦女的一種禮冠。陸游《入蜀記》中記載，西南一帶的婦女「未嫁者率為同心髻，高二尺，插銀釵至六只，後插大象牙梳，如手大」。[107]在江西景德鎮市郊宋墓出土的瓷俑，其中婦女的裝飾就是這種形象，該婦女梳向心髻，髻上紮一條寬闊的髮帶，髮帶下面就橫插著一把特大的梳子。但是也有沿襲唐朝用釵的，在江西德安南宋周氏墓出土的銀釵，有的在簪頭雕鏤花飾或鑲嵌寶石，有的素面無紋。江西彭澤北宋易氏墓曾出土半月形卷草是自紋浮雕花銀梳，主花上下另有繁縟的邊飾陪襯，下層有花瓣紋連接成花邊，與梳齒相連接，精工富麗，依然保持唐代風格。

明代婦女髮髻流行扁圓款式，有頭頂上用寶華裝飾的，叫做「挑心」，還有「滿冠」等髮型。青年婦女用「頭簪」，上面用花做點綴。在江西明益端王墓出土的鳳簪，用粗細不同的金絲纏焊而成，結構纖巧，還有同地明益莊王出土九件仙山樓閣金簪，編出重樓復閣，仙人於其中奏樂起舞，並繞以仙花異草。[108]可以看

107　（宋）陸游：《陸放翁小品》，苗洪選注，文化藝術出版社 1997 年版，第 229 頁。

108　劉錄中、游振群主編：《中國歷史文物知識簡編》，湖南美術出版社 1996 年版，第 120 頁。

出當時工匠技術非常精湛，但也說明了當時皇族的生活是多麼的奢華，普通老百姓只是簡單的金、銀、銅簪而已。

明代常用的巾帽名目很多，如：儒巾、軟巾、諸葛巾、東坡巾，都是傳統的巾式。方巾是古代角巾，洪武三年，明太祖召見浙江詩人楊維幀，楊戴著方頂大巾去進見，太祖問他戴的是什麼巾，他答道是四方平定巾，太祖大喜，就讓眾戴之。在這期間，在普通百姓間流行的帽式也很多，有瓜皮帽、軟帽、邊鼓帽、麥簦帽等，在整個南方最流行的一種帽式是當時的六合一統帽或小帽，用六塊羅帛縫拼，六瓣合縫，下有帽簦，當時除了江西，南方百姓冬天都戴它。遇喪帽頂用黑色或白色。

清朝滿族入關，一些生活習俗，包括服飾，傳入中原。清政府強令漢族男子剃髮梳辮，自滿清入主中夏，變異漢族髮辮，胡服垂二百餘年。在江西中層社會的婦女人基本保持明代的裝飾。農民、商販、勞動者一般都帶氈帽，有半圓形、大半圓形的。

民國時期到中華人民共和國成立之前，江西人民開始擺脫了傳統的衣冠儀制。女子已經可以按照個人意願來裝扮自己。富家女頭飾變化多端，經常頭盤花髻，戴金釵銀鳳首飾，勞動婦女則紅頭繩紮髮盤髻，青色方巾包頭。也有剪掉頭髮的，「迨民國十六年後，漸去髻截髮，冬季則改御長袍。夏季則短衫窄袖露肘，短袴腰裙露腿，奇裝異服，恬不為怪。然鄉間婦女服御仍多樸素，第天腳、截髮之風大開，亦婦女解放之一端耳」。[109]一般男

第五章・服飾民俗

109 民國《安義縣志》卷四《物產志》。

子則經常會戴瓜皮帽，因為形制像半個西瓜，所以稱為瓜皮帽，還有比較莊重的首服禮帽，一般為圓頂，下施寬闊帽簷，微微翻起，冬帽多用黑色毛呢，夏帽用白色絲葛布，是中、西服皆可配套的首服。這一時期，最引人注目的則是兒童的帽飾，有虎頭帽、麒麟帽、公子帽、月亮帽、無毒帽等，至今還流行。特別是虎頭帽，老虎在民間有驅邪、吉祥之意，所以父母用「虎頭虎腦」希望兒子能長得像小老虎一樣結實健康。公子帽，亦稱荷花公子帽，漢族民間童帽，帽前飾荷花，後為荷葉，帽前釘有銀鑄八仙，帽後為荷葉，有五個荷葉圖案，每張荷葉上掛一個用細銀鏈串成的鈴，戴在頭上叮噹作響。有的小孩帽上別一個一寸見方的小銀盤，內刻製算盤、筆、墨、硯，俗稱戴了公子帽，長大後可像公子那樣文質彬彬，求得功名，一般為四歲以下兒童所戴。月亮帽，帽蓋頂留一圓孔，以示月亮，帽圈上釘各種花片，帽蓋上繡牡丹等花卉，兩邊各飾一只花線繡成的壽桃，並用綠緞做桃葉相襯，一般為四歲以下小孩所戴。五毒帽，有免災辟邪，求吉驅毒，希望子女健康成長之意。

中華人民共和國成立後，特別是改革開放以來，人們的頭飾變幻莫測，特別是二十世紀九〇年代以後，許多年輕人染黃頭髮，成為一種時尚，男士留長頭髮被認為是藝術的象徵，女士的髮飾則變化多端，有拉直留長髮的，有燙髮的等等，不一而足。

古代客家人的生活條件非常艱苦，總起來說客家人的頭飾也不多，主要有不同的髮型和帽子略作裝飾，表現出平淡樸實的自然美。

在古時，婦女一般都梳「高髻」，用簪子、毛錨作飾物，富

家子女有的會帶簪花。民國以來，逐漸省去了飾物，但仍保留著插銀簪子的習俗。 客家人一般都住在山區，客家婦女經常遭受流寇、土匪或邪惡勢力的欺凌，為了防身自衛，便用銀簪作為武器，當遭到突然襲擊時，便於給對方以致命一擊。銀簪不僅可以防衛，而且還可治病，凡遇到頭疼腦熱等疾病，客家先輩便用熟雞蛋和白玉銀簪用布包在一起，趁熱在患者身上來回擦拭，據說療效甚佳，一直流傳到現在。當被毒蛇咬傷時，用銀簪刺蛇傷處，擠出毒血，防止蛇毒入心，此種方法至今沿用。

客家女孩長到三四歲時，開始留齊耳頭，客家人叫留妹子頭。起初由母親、姐姐或其他大人幫她梳理，五六歲以後則自己梳理。頭髮稍長時，可為她剪短，一直保持齊耳。這樣便不用大人幫她紮頭繩或梳髮辮，節省時間。女孩長到十幾歲時，自己完全有了紮頭髮、梳辮子的能力，於是，不再梳妹子頭。有的梳成兩條長長的髮辮；有的則留成齊脖頸的長髮，用頭繩或花飾。髮型的改變，標誌著女孩子已成大姑娘。

客家婦女在未出嫁之前，一般留長髮，在背後結成單辮。一旦婚事議定，就必須擇日梳成髮髻，叫做「上笄」，又叫「上頭」，表示自己已經成年，姑娘將變成媳婦了。這跟江西其他地區的習俗基本一樣，黃遵憲詩云「金釵寶髻新妝束，私喜阿儂今上頭。姊妹舊時嬉戲慣，相看霞臉轉生羞」，寫的正是客家姑娘「上笄」梳髻時的情景。所以梳髮髻成為客家已婚婦女的標誌，也成為已婚婦女「梳妝」的主要內容。紅軍時代，贛南、閩西的婦女山歌唱道：「韭菜開花一管子心，剪掉髻子當紅軍。」剪掉髻子，變成齊耳短髮，婦女似乎又回到了姑娘家，顯得年輕又富

有朝氣。

客家婦女髮髻的造型主要有三種。一種叫「船型髻」，長約二〇到二六釐米，寬約八釐米，兩頭微翹，多為新婚婦女採用。第二種叫「方髻」，少婦和中年婦女比較常用，長約十三釐米，寬約八釐米。第三種叫「牛屎髻」，盤成圓形，因形似一堆牛屎，便戲稱之，直徑八釐米，這一種，多為老年婦女所採用。

還有一些地區的客家婦女，則將髮型梳成所謂的「一把頭」、「兩把頭」或「三把頭」的樣式。青年婦女梳成「一把頭」。「一把頭」將頭髮前面中心分開，頭髮從腦後梳成一把，用紅色絲線固定起來，但一般不蓄瀏海。「二把頭」、「三把頭」多為中老年婦女所蓄，總體上與「一把頭」沒有太大的區別，只是在頂上多紮兩把而已。

會昌縣有首山歌《梳妝曲》描寫了客家婦女梳髻化妝的情景：

天蒙光，地蒙光，門北嫂嫂叫姑娘，
打開房門望一望，日頭出山三丈長。
到轉房中巧梳妝。
左手端油罐子，右手提梳腦箱；
頭上梳起盤龍髻，腳踩花鞋繡鴛鴦；
眉毛彎彎就像天上眉月眼，天上琉璃星，

口似紅蓮初出水，臉似桃花色是紅。[110]

　　客家嬰孩過滿月前後，一般都要將頭髮剃光，尤其是男嬰，一定要剃去由母體帶來的頭髮，客家人稱之為「胎毛」。以後每一至兩個月剃一次，尤其是夏季天熱時，一定要剃成光頭，既涼快又方便洗頭以保持清潔，防止頭上長瘡。孩子長到三四歲時，便不再剃光頭。女孩開始留短髮，男孩則在腦門上方正中留一撮約二寸寬的毛髮，像刷子一樣黏貼在腦門上，並與眉毛上方齊，呈小塊長方形，客家人稱這種髮式為腦性毛。

　　主要的帽飾有防風帽、草帽、繡花帽、涼笠等。客家孩子長到二三歲，大多讓其在戶外活動。天冷時，男孩要戴上防風帽，女孩則戴上繡花帽。防風帽和繡花帽均為雙層棉布統製而成。防風帽面料可用清一色的藍、灰、黃等顏色的布料，也可間以紅、白等顏色；繡花帽則大多用紅色布料，繡上花鳥圖案。防風帽前沿裝上包著硬紙板的鴨舌狀帽舌，兩邊裝上護耳，護耳不用時可向上翻起繫在帽頂上；繡花帽則前沿豎起，如山峰造型，沒有護耳和突出的帽舌。草帽是用麥稈編織的圓頂笠形的帽子，主要用來晴天遮太陽，下雨天不使用，這種草帽至今流行。

　　客家男人一般不戴帽，老年男人戴帽者亦為數極少。因此，客家地區沒有風行的男帽。過去，少數老年男人戴大齋公帽，現代有的人戴氈帽、仿軍帽或北方傳來的防風帽。而客家老年婦女

110 曾榮：《贛南客家民歌》，中國戲劇出版 2009 年版，第 147 頁。

則喜歡戴帽。女式老年帽主要有兩種樣式，一種是針織的帽圈，客家人又稱之為「耳暖」，一般用黑色毛線織成、兩耳部位特別厚，少有裝飾，另一種叫「婆太帽」，一般用雙層絨布製成，黑色，繡有簡單的花飾，形狀如倒蓋的船形。

夏天一般戴涼笠，即涼帽，也有的地區叫「斗笠」。通常用竹片或細竹篾條編成帽胎。帽胎為兩個同心圓，內團隆起，正好卡住腦殼，藏進高聳的髮髻。帽胎表面，常用竹筍殼或油紙押上，以防雨水滲透進來。斗笠沿邊鑲上幾條寬約六寸的布簾，布簾向下垂著，成為「笠披」，可以遮住直射進面部的陽光。同時「笠披」遮住了半個臉，戴笠的人可瞧見別人，別人卻看不清他的全部臉。涼笠的布簾，一般為白色、灰色、藍色或黑色。一般用於遮陽，雨天則不宜使用。

畬族婦女的髮式形式多樣，十分漂亮，特別引人注目。妙齡少女的頭髮是用紅色絨線摻在一起編成一條辮子，纏盤在頭上，做成圓形狀，前留若干瀏海，無特殊的飾物。畬族少女兩鬢夾有兩支銀笄，訂了婚，須脫下一邊，以示已許字人家。已婚婦女，她們有的將頭髮從後面梳成長形筒式髮髻，像一個雞冠形的帽兒蓋在後腦勺上，髮間用紅絨線環束。有的是在頭頂上放一個五六釐米長的小竹筒，把頭髮繞在竹筒上梳成螺形，顯得很別致。梳頭時，不僅要用茶油和水塗抹，而且摻以假髮，所以顯得高大、蓬鬆而光亮，當然梳起來是耗時費力的。結婚時，頭戴鳳冠，鳳冠繫一根細小精製的竹管，外包紅布，下懸一條一尺長、一寸寬的紅綾，絢麗多彩。冠上飾有一塊圓銀牌，牌上懸著三塊小銀牌，懸垂在額前，畬民稱它為龍髻，認為就是三公主戴的鳳冠，

冠上還插以銀簪。畬族男子則戴頭冠，用獸皮或牛皮做成，四周圍一圈白布，上繡風雲、日月和一個小太陽神像，祭祖時，還要在其後縛上一條七尺長的紅布飄帶，稱「頭紅」。

於都縣嶺背山歌《剪掉「圓頭腦」》：

> 姐姐摘下頭上花，嫂嫂剪掉「圓頭腦」；
> 現在婦女講時髦，不用鏡子前後照。[111]

髮型古時，本縣男人及女人都是蓄髮紮長辮，婦女頭上盤髻（有圓形、船形、橢圓等類型）。民國期間，男人剪辮，剃和尚頭或蓄平頂頭、西裝頭、飛機頭；少女仍留長辮，婦女則改髻為反梳反折，或梳短髮。現時男人髮型有學生頭、「大蓋頭」、「電燙卷雲頭」等多種；女髮多為電燙，有運動頭、游泳頭、拉絲頭、三節包、波浪式、爆炸式等時新款式。

首飾舊時，民間頗重裝飾。富裕之家，男人戴金戒指，婦女頭籠珠翠，髮繫金簪，耳垂金環，手串玉鐲，逞財顯勢。一般人家，男人無所裝飾，婦女多用荊釵或銀釵別髮，間有戴銀手鐲者。新中國成立後，男女以戴手錶為時尚。近年來，城鄉部分人民生活由「溫飽型」轉向「富裕型」，多

111　《嶺背鎮志》第二十一章《風俗歌謠》第二節《歌謠》，於都縣地方志辦公室，1997 年版。

用金戒指、金項鏈、金耳環裝飾。[112]

　　髮型清朝年間，男留髮梳辮，官紳士儒中年即蓄鬚留胡。小兒滿月剃胎髮，滿周歲後開始理髮。小女孩梳瀏海，長大梳辮子，少女出嫁時開面挽髻。民國年間，男子不再留辮，蓄鬚者少，西裝頭、平頭居多，中老年有的剃光頭。老年婦女梳髮髻，年輕姑娘梳辮子，留齊耳髮。中華人民共和國成立後，男子髮型有西裝頭、游泳頭、平頭；女士有燙髮、學生髮、長辮、短辮，女孩有長髮、短髮、辮髮。

　　（安源）首飾清末民國，已婚婦女髮髻插簪，主要有金簪、銀簪，耳垂耳環、耳墜，戴手鐲、戒指；男士帶懷錶，拄文明棍，戴戒指，配金絲眼鏡。小兒帽上鑲「長命富貴」銀牌，頸脖戴項圈，掛長命鎖，戴手環、腳環（多為銀質），以上均係富家盛裝，貧窮者一切從簡。中華人民共和國成立後，金銀首飾業受到限制，「文化大革命」期間被取消。一九八一年，國務院決定恢復國內金銀首飾經營業務，由中國人民銀行負責管理。最初零售價格為人民幣五十六元左右一克，民眾爭相購買。一九九九到二〇〇四年，境內市場金價在每克九十八到一一〇元之間，女士戴黃金飾品已很普遍，男士戴金戒指，近年來鉑金進入首飾市場。[113]

112　《臨川縣志・社會志》第三篇《風尚習俗》第二章《生活習俗》第二節，服飾，新華出版社 1993 年版，第 604 頁。

113　《安源區志》第三十三卷《風俗、宗教》第一章《生活習俗》第一節，服飾。

二、耳飾

在原始社會的新石器時代，在中華大地上就已經有了簡單的耳飾，商周時期已經非常之華麗。商周時期的耳飾有玦、瑱、環等，玦有圓環形帶缺縫，有將環形演化成獸紋的，有圓形轉化成橢圓形或圓柱形的。春秋戰國時期，流行玉玦，有呈圓形缺口素面無紋的，有雕琢成紋飾的，有呈柱狀加缺口的。中山國戰國墓出土有夔龍首黃玉玦一件，廣東曲江石峽墓出土有圓廓外四個半月形突飾的玉玦，玦的外形有呈柱形的，有呈橢圓形孔不居中的，有上寬下窄橢圓的。湖南耒陽市一處距耒水六〇〇米的山坡上的春秋時越人墓出土了一件水晶玦。秦漢時期的耳飾最大特點就是顯示了漢代金屬工藝的突出成就，一九五九年在長沙五裡牌出土的東漢前期的金首飾中，有金珠串成的項鏈數串，其中一串有小金珠一九三顆，中圈的珠粒較大，並以小管壓成一到五粒不等的珠聯管，飾有一〇〇餘顆棋制的八方形珠，下垂一個花穗飾，整串項鏈均以金珠串成，造型別致，技藝高超。另外有四件是以十二個小金絲環相接而成的項鏈。在環與環之間附加著三粒小圓珠。還有六件繫在小金球上並以金絲綴飾的圓珠，圓珠為鏤空的多角形，顯得精細、玲瓏而工整。

漢代金飾中很有特點的飾物當數在合肥烏龜墩出土的項墜，體積很小，中間以細金絲盤出吉祥字樣「宜子孫」，並飾以雲形花紋，周邊焊以極小的金粒，排列成聯珠的線紋。在項墜的上部留有小孔以便串絲條佩戴。在漢代，金飾工藝及金絲鑲嵌工藝發展到如此程度，充分顯示出漢代工藝技術上的進步及高超精美的

水平。

　　魏晉南北朝時期，從南朝墓出土的婦女陶俑來看，多綴圓形珠飾。而唐宋以來，婦女們更喜歡佩戴金耳環，「一九七二年在江西省彭澤縣湖西村北宋易氏墓出土浮雕紋金耳環一對，環下連接月牙形裝飾，上有浮雕菊花紋，以菊花為中心，枝葉向左右兩方鋪展，工藝精美。」[114]明朝婦女多帶耳環、耳墜。明代廣為流行的葫蘆形耳環從形制上說，是以兩顆大小不等的玉珠穿掛於一根粗約〇點三釐米，彎曲成鉤狀的金絲上，小玉珠在上，大玉珠在下，看似葫蘆形，其上有金片圓蓋，其下再掛一顆金屬飾珠。此類耳環在全國各地均有實物出土。

　　清朝有效仿滿族婦女一耳戴三件耳飾，稱環形穿耳洞式的耳環為「鉗」，有流蘇的為耳墜，無流蘇的為耳環。故宮博物院保藏的清代耳飾，不僅質料高貴，色彩華美，而且形式千變萬化，有的以體現珠玉材質本身的自然美為主旨，有的以顯現珠翠寶石的色澤為準則，有的以繁縟工巧的工技為特色，有的將珠翠珊瑚組合成萬壽字、方勝、福在眼前等吉祥含意的圖樣。

　　贛南畬族的婦女保留著戴耳環的習慣。因此，女孩子小的時候都要由母親穿耳眼。客家女孩長到十二三歲開始穿耳，然後戴耳環。客家婦女所戴耳環，較多見的是葫蘆鉤型，同樣有金質、銀質、銅質、鋁質幾種，出以銀質為多，外形樸素簡單。出嫁時

114　黃能馥、陳娟娟撰：《服飾志》，上海人民出版社 1998 年版，第 356-357 頁。

可配上環或圓形墜子。

　　當今社會，隨著人們對美的要求越來越高，各種耳飾在愛美女士們當中流行，一般女性都會佩戴金銀耳環，許多有錢的女士則更喜歡戴鑽石耳環。

　　另一首《郎送耳環鍍黃金》：

　　　　郎送耳環鍍黃金，黃金跌落大河中；
　　　　千兩黃金捨得，難捨阿哥這條情。[115]

三、頸飾

　　早在原始社會，中國的祖先就開始用貝殼、石珠、獸骨等串聯起來，掛在他們的脖子上，成為最原始的頸飾。頸飾是原始社會就很普遍的裝飾，商代頸飾，大多是蚌珠、瑪瑙串珠。春秋戰國時代的頸飾出土不少，河南三門峽上村嶺虢國墓地出土頸飾，其中一件係由許多不同形狀的緯組成，其餘為勒的形器及一小系璧。安徽壽縣蔡侯墓出土綠松石一五一八粒，均有穿孔，大小不一，裝一盒中，又有穿孔骨珠一三九粒。排作兩圈，每隔兩排四顆小的，用一顆大的將兩排聯在一起，串成大小相間、單雙相連的形狀。山西侯馬上馬村春秋墓出土兩玉串，大的一串由瑪瑙珠、骨珠、玉珠、玉環、玉獸等二十枚組成，珠的形狀有棗形

115　上海文化出版社編：《民間文學集刊》（第一本），上海文化出版社
　　1957 年版，第 28 頁。

的、管狀的、珠形的、六棱形的、長方形的，都有穿孔。小的由十一枚組成，形式質料相同，出土時置於人架胸部。河北懷來北辛堡兩座燕國墓，一座出土綠松石串珠二六四枚，另一座出土一九七五枚。前墓所出除少數較大外，多數都很小，有的如綠豆、有的如粟粒，且都有穿孔，後墓所出除綠松石外，還有白石製成。戰國中山國王墓出土瑪瑙項鏈二串，一串二二二粒，一串七十四粒，管形。魏晉南北朝時期，開始出現了金質項鏈，湖南長沙五里碑東漢墓出土加工精美的金質項鏈，有三種不同形狀的一九三顆金珠串組，還有一個花穗形金墜。

　　隋唐五代時期，由於細金工技術的進步，金銀首飾製作格外精緻，多係項圈與瓔珞組合而成，顯得豪華富麗，西安出土的隋大業四年的一件金項鏈，佩戴者是一個九歲的貴族小女孩，殉葬品豪華奢侈，項鏈的鏈條由二十八顆金珠構成，每顆金珠上都鑲嵌著各色寶石，上有藍色寶石搭扣，下有雙層項墜，一層由金鑲寶石作成花形，另一層垂下一個滴露形的玉石。顯得非常奢華高貴。當然一般百姓家戴不起。

　　明清時期耳墜的式樣很多，在江西南城明益王墓出土的金耳墜長度達八釐米，耳墜用金絲扭成花紋，並且鑲有名貴的綠寶石。在江西普通百姓則流行佩戴長命鎖，《紅樓夢》裡賈寶玉和薛寶釵的頸上懸掛的就是長命鎖，因為是黃金製成，所以稱為「金鎖」。按照迷信的說法，只要佩戴了這種飾物，就能避災驅邪，所以很多兒童出生不久，父母就會給其掛上長命鎖，其實這種風俗來自於漢代《荊楚歲時記》裡的記載：「採艾以為人，懸

門戶上，以禳毒氣。」[116]後來沿襲成每逢五月五日，家家戶戶都在門楣上懸掛五色彩繩，以避不祥。再後來就發展成將絲繩懸掛在頸上，稱為「長命縷」，也就是長命鎖的前身，而長命鎖多用金銀或美玉製成。上面通常嵌有文字像「長命富貴」、「福壽萬年」之類的吉祥語。民國以後直到現在，金銀項鏈、各種玉飾品一直很流行，但是勞動婦女一般不戴。

客家人的項鏈一般是銀製的，也有銅製和金製的。項鏈的鏈條又粗又長，掛著金屬薄板製成的鏈墜，鏈墜有一定的藝術造型，一般為桃形，也有花鳥形，有的在金屬板上直接雕刻上「長命富貴」、「祿」、「壽」等字樣，有的則將金屬板鏤成空心的「壽」字紋。客家人的項鏈一般供小孩佩戴，是客家小孩避邪驅魔、保佑平安、吉祥的護身符式的飾物。

四、腰佩

（一）腰帶

古代的服裝，一般多不用紐扣，只是在衣襟交接處繫上幾根小帶，為了不使衣服散開，人們又在腰部繫一根大帶，這種大帶就叫「腰帶」。不論穿著便服還是官服，腰間都要束上一帶，天長日久，腰間的一根帶子就成了必不可少的一種特殊裝飾。它與

116　（南朝梁）宗懍：《荊楚歲時記》，宋金龍校注，山西人民出版社 1987 年版，第 47 頁。

服裝一樣有著古老而又悠久的歷史，是服飾文化中的重要組成部分。

腰帶又稱皮帶、裙帶等。名曰腰帶，其實它還包括纏於胸前的胸帶、臀帶、吊帶等多種帶式。根據它的功能、造型、材料等條件分成不同的類別，如根據功能分，可分為束腰帶、臀帶、胸帶、吊帶、胯帶等；按材料分，有皮帶、布腰帶、塑料腰帶、草編帶、金屬帶等；按製作方法分，有切割皮帶、模壓帶、編結帶、縫製帶、鏈狀帶、雕花帶、拼條帶等。在服裝史中，腰帶具有多種形式和不同的名稱，在各個歷史時期起著不同的作用。

原始社會，人們用纖維或皮條將獸皮、樹葉纏綁於身，用以保暖護體或防曬防蟲等，並形成了原始的衣著裝扮。原始的腰帶也由此粗具雛形，雖然當時或許沒有稱之為「腰帶」，但腰帶形式的產生是毋庸置疑的。到殷商時期，腰帶的形式已非常明確，我們可以從大量的出土文物中看到各種束帶的造型。在階級社會中，等級制度的形成使腰帶也分成了不同的形式，與冠、服、色等一起，逐步完備了冠服制度。

在文字記載中，有關腰帶的說法很多，如「易女玄衣帶束」中的帶即是腰帶。在商周時期，帶已有革帶與大帶之分。革帶博二寸，用以繫韍，後面繫綬。大帶是天子與諸侯的腰帶，大帶四邊都加以緣飾。天子為素帶朱里，諸侯不用朱里。大帶之下垂者曰紳，博四寸，用以束腰。起初革帶兩頭是用短絲繩和環繫結，並不美觀，只有貧賤的人才把革帶束在外面，有身分的人都把革帶束在裡面，再在外面束紳帶。趙武靈王推廣胡服騎射，而胡人的腰帶是很有特色的，在腰帶上附加了許多小環，可將小物件隨

身攜帶。所以在民間流行起來，這種帶式對後來腰帶的演變起了很大的作用。

　　秦漢以前，男子用的腰帶，通常以皮革為之，成為鞶帶，婦女之帶則以絲織物編成，名叫「絲帶」或叫「絲絛」。《說文》稱：「男子革鞶，婦人帶絲。」男子除了用皮帶外，也可紮絲。當時的絲帶已經有了等級差別，到了漢代，就有了明顯的等級差別，有了掛佩組綬制度，這成為漢代服飾的一大特點。《後漢書‧輿服志》志中說道：諸侯王赤綬，四采，赤黃縹紺，淳赤圭，長二丈一尺，三百首。皇太子為三百二十首，公侯、將軍金印紫綬，二采，百八十首，九卿、中二千石銀印青綬，三采；千六百石銅印墨綬，三采；四百石、三百石、二百石銅印黃綬，其首數長度均依長度而降。[117]

　　南北朝時期婦女服飾中，腰間加飾束帶，它與革帶區別之處為腰帶柔軟而較長，一般在腰間繞一兩圈後再打結。劉孝綽《古意》詩有「蕩子十年別，羅衣雙帶長」，梁武帝《有所思》中「腰間雙綺帶，夢為同心結」，腰帶長且能繫漂亮的結式，並有飄曳的帶尾，使女性服飾顯得更加嫵媚動人。

　　唐代官服中使用革帶，沿襲古制，如唐高祖賜李靖的革帶叫於闐玉帶，有十三銙並附帶環，革帶的帶尾叫鉈尾，唐時鉈尾向下斜插。但是必須按照品級的高低服不同質料的腰帶：

　　高承《事物紀原》卷三云：

117　周錫保：《中國古代服飾史》，中國戲劇出版社 1991 年版，第 79 頁。

　　腰帶《實錄》曰：「自古皆有革帶及插垂頭，至秦二世始名腰帶，唐高祖令向下插垂頭，取順下之義，名鉈尾。上元元年（674），自三品官至庶人各有等制。以金、玉、犀、銀、鍮、鉐、銅、鐵為飾，自十三銙至六銙。」[118]

　　婦女命服之腰帶隨男服用革帶，常佩蹀躞七事中的幾件，但一般婦女常服中腰帶又以束帶為主，以柔軟綿長、纏繞花結為美。

　　革帶在宋代的官服中，是官職高低的標誌。從材料和裝飾、色彩上都很有講究。革帶稱為鞓，外裏綾絹，唐時多用黑鞓，唐末五代時用紅鞓，宋代以黑鞓為常服。在鞓上附有帶銙，它的質料、排列和製作有一定的制度。如朝服用玉帶銙；有官品者才能用犀帶銙。「通犀帶」有特旨者才能用。帶銙的形狀和雕飾亦有一定的區別，帝王用排方玉帶，大多以四個方形及五個圓形排列於革帶上。帝王及太子一般用玉，大臣用金。官位小的只能使用銅、鐵、角、黑玉之類。宋代革帶的兩頭稱撻尾或完尾，隨著官員們的喜好由短至長，又由長變短，不斷變化。在日常生活中，低等官職和平民的腰飾有革帶、勒帛、絛（通條）等。此革帶是黑鞓鐵角為銙的革帶。勒帛指約束繡袍肚和背子之用的帶飾，家常服中只繫勒帛而不穿冠服。絛是如繩索形的普通圓腰帶，用以束腰而下垂，在宋代，隱士和一般人士多用。大帶是在織成的帶

118　（宋）高承：《事物紀原》卷三，中華書局 1989 年版，第 151 頁。

上織有花紋裝飾，較寬闊，即為後世的鸞帶。

明代官服所用革帶，外裏紅色或青色綾，其上綴以犀玉金銀角，合口叫「三台」，兩旁有小輔，左右各有三圓桃，後有插尾。官階一品用玉帶，二品用花犀，三品用金銀花帶，以此類推。明代的腰帶，多束於胯部並不著腰，用細紐將腰帶懸於衣肋間。衙門雜役、皂隸等腰帶為紅色或青色絲織或布織束帶；各衙門掾史、令史、書吏等繫絲絛；舉監等腰束藍絲絛。

清代官服中腰帶有朝帶、吉服帶、常服帶、行帶等。皇帝的朝服帶為明黃色，上飾紅寶石、藍寶石、綠松石、東珠、珍珠等。按規定，親王朝帶之色，宗室用黃，覺羅用紅，其餘人皆用石青、藍色或油綠織金。帶用絲織物，上嵌有各種寶石，有帶扣和環扣，用以繫汗巾、刀、荷包等物。帶扣用金、銀、銅等製，考究的則用玉、翡翠等製。其中所佩之汗巾稱為風帶或飄帶，用布或綢為之，在帶上各繡有「忠」、「孝」二字，因而又稱為「忠孝帶」。一般男子的腰帶以湖色、白色或淺色的束帶為準，其長結束後下垂至袍底，講究些的可以繡花或加些零星佩飾。婦女所束腰帶多於上衣內，較窄，用絲編結而下垂流蘇。後改長而闊的綢帶，繫於衣內而露於褲外，成為一種裝飾品。顏色淺而鮮豔居多，一般垂於左邊，帶下端有流蘇、繡花或鑲滾。

「古時則服皆有帶，用以束衣，且視為重要之物，尊卑各有別，不可混用，後世已失其束之用，亦視為飾物。」[119]民國以

---

119 楊蔭深：《衣冠服飾》，世界書局 1946 年版，第 34 頁。

來，衣冠制度被打破，所以帶的作用不僅僅是束衣，更多的是它的裝飾作用。

（二）佩玉

「佩玉」是佩飾的一種，在中國古代，佩飾主要是指懸掛在腰帶上的飾品。中國人佩玉之風習起源很早，早在《詩經》中就有這樣的描寫：「知子之來之，雜佩以贈之。知子之順之，雜佩以問之。知子之好之，雜佩以報之。」這裡所說的「雜佩」就是指玉器佩飾。佩玉的種類較多，如玉玦、玉鐲、玉剛卯、玉牌、玉帶鉤等。有的成組佩帶，有的單獨懸掛。

古人的很多生活器具都是玉雕成的，能常戴在身上的唯有玉佩。繁欽詩中「美玉」是指玉做的佩，或寫作「珮」。古人對玉佩的熱愛不是因為玉的貴重，而是源於玉的品格，所以古語有「君子無故，玉不去身。」《禮記‧玉藻》：「古之君子必佩玉……凡帶，必有佩玉，唯喪否……天子佩白玉而玄組綬，公侯佩山玄玉而朱組綬，大夫佩水蒼玉而純組綬，世子佩瑜玉而綦組綬，士佩瓀玟而縕組綬。」[120]更是把玉佩上升到禮法。

戰國、秦漢時期的玉佩繁縟華麗，甚至數十個小玉佩，如玉璜、玉璧、玉珩等，用絲線串聯結成一組雜佩，用以突出佩戴者的華貴威嚴。玉環是佩玉的一種，體積較小，輕薄適度，往往用

120　《禮記集解》卷三十《玉藻第十三之二》，（清）孫希旦集解，中華書局 1989 年版，第 820-823 頁。

於連接佩玉組件。《爾雅·釋器》中指出：「肉倍好謂之璧，好倍肉謂之瑗，肉好若一謂之環。」郭璞注：「肉，邊；好，孔。」邢昺疏：「肉，邊也；好，孔也。邊大倍於孔者名璧，孔大而邊小者名瑗，邊、孔適等若一者名環。」[121]這裡把幾種器物的形制講得十分清楚，「肉」是指周圍的邊，「好」是指當中的孔，即三種玉佩的名稱由中心的圓孔大小來決定，大孔者為瑗，小孔者為璧，孔徑與玉質部分邊沿相等者為環。後玉環成為玉製的環的統稱。

　　玉環古時一般用作佩飾，《宋史·輿服志三》：「袞冕之制……小綬三，結玉環三。」又：「後妃之服，小綬三，間施玉環三。」《晉書·周訪傳》：「訪大怒。（王）敦手書譬釋，並遺玉環玉碗，以申厚意。」因「環」與「還」同音，古人可能還把它作為一種信物。據說古代逐臣待命於境，賜環則還，即得到天子送來的環，就知道自己又被重新召回，官復原職。

　　魏晉以後，男子佩帶雜佩的漸少，以後各朝都只是佩戴簡單的玉佩，而女子很長時間裡依然佩帶雜佩，通常繫在衣帶上，走起路來環佩叮噹，悅耳動聽，因此「環佩」也漸漸成了女性的代稱之一。唐代江西南城明益王朱佑檳墓的發掘，出土時環列在他腰部的一副玉帶飾，共計二十塊白羊脂玉，整整圍了一圈，而且

121　（清）郝懿行：《爾雅義疏》中二《釋器》，上海古籍出版社 1983年版，第 704 頁；馮天瑜主編：《中華文化辭典》，武漢大學出版社2001 年版，第 120 頁。

玉的大小和樣式也有幾種變化，除了中間一塊稍高，其他都一致外，其寬度從二釐米到八釐米不等，分六種規格，而且有桃圓形的。

宋代的玉帶雕鏤得非常精細，一九五六年，在江西上饒發現的宋高宗叔祖趙仲湮的墓，其出土的玉帶飾上，全是浮雕的人物形象。近於方形的銙上分別刻著盤足打坐的人物，有的手捧果盤，盤中盛著壽桃，有的口吹排簫，或是手彈樂器，有的手持茶碗，或是若有所思，或是側頭相視，還有一個合掌稱贊狀。鉈尾的人物，是一個持杖直立的長髯老者，也是低頭沉思的形狀，很明顯，這是一個封建文人的樂圖。

環佩在樣式和佩戴方式上是不斷變化的，清代學者葉夢珠《閱世編·內裝》解釋說：「環佩，以金絲結成花珠，間以珠玉、寶石、鐘鈴，貫串成列，施於當胸。便用則在宮裝之下，命服則在霞帔之間，俗名墜胸，與耳上金環，向惟禮服用之，於今亦然。」[122]可知清代女性的環佩已經從古時只繫於衣帶的腰飾，而轉為墜於胸間的項飾了。

佩玉在整個中華傳統文化中具有相當重要的地位，而這種重要地位的形成首先是與中國人的觀念理想的發展變化密不可分的。早在新石器時代，玉作為一種「美石」，就與祭祀禮儀等觀念性的活動聯繫在了一起，發展到春秋戰國時代，本為自然物質

122　（清）葉夢珠：《閱世編》卷八《內裝》，來新夏點校，中華書局2007年版，第205頁。

的玉石被人為地賦予了豐富的文化內涵，特別是在中國傳統文化中占有突出地位的儒家思想中，把仁、智、義、禮、樂、忠、信、天、地、德、道等內容與玉的天然物理性能相比附，於是出現了玉有五德、九德、十一德等學說。在《禮記・聘義》中有這樣一段記載：子貢問孔子，為什麼君子貴玉而賤玟（一種近似於玉的石頭）呢？是不是因為玉稀少而玟多的緣故？孔子回答說：「非為玟之多故賤之也，玉之寡故貴之也。夫昔者君子比德於玉焉，溫潤而澤，仁也；縝密以栗，知也；廉而不劌，義也；垂之如墜，禮也；叩之其聲清越以長，其終詘然，樂也；瑕不掩瑜，瑜不掩瑕，忠也；孚尹旁達，信也；氣如白虹，天也；精神見於山川，地也；圭璋特達，德也；天下莫不貴者，道也。《詩》云：『言念君子，溫其如玉』。故君子貴之也。」[123]孔子的意思是說，不是因為玟多才被輕視，玉少才被重視。這是由於古來的君子都把玉比擬為道德，象徵著德行的緣故。接下來孔子就對玉的十一種象徵一一作了解說，認為玉質溫潤而有恩德，象徵仁；堅固緻密而有威嚴，象徵智；鋒利、有氣節而不傷人，象徵義；雕琢成器的玉佩整齊地佩掛在身上，象徵禮；叩擊玉的聲音清揚且服於禮，象徵樂；玉上的斑點掩蓋不了其美質，同樣，美玉也不會去遮藏斑點，象徵忠；光彩四射而不隱蔽，象徵信；氣勢如彩虹貫天，象徵天；精神猶如高山大河，象徵地；執圭璋行禮

---

[123] 《禮記集解》卷六十一《聘義第四十八》，（清）孫希旦集解，第1466頁。

儀，象徵德；天底下沒有不貴重玉的，因為它象徵著道德。《詩經》上就說：經常談論君子，溫和得像玉一樣。所以，君子貴重玉。從這裡可以看出，玉器早已超出了一般的審美範疇，而是作為一種觀念的載體，成為儒家理論體系內核中的重要象徵物，對玉的形而上的理論概括也就是在這一非同尋常的時代中基本完成了。郭寶鈞先生曾總結道：「抽繹玉之屬性，賦以哲學思想而道德化；排列玉之形制，賦以陰陽思想而宗教化；比較玉之尺度，賦以爵位等級而政治化」，至戰國時代，這一觀念體系已基本建立和比較完備，這種觀念體系可以說是「後世玉器發展不衰的理論根據和精神支柱」。

正是由於玉器與道德人倫觀念的密切聯繫，才有了「凡帶，必有佩玉」、「佩玉表德」、「古之君子必佩玉」、「君子無故，玉不去身」之說，從而使戰國時期的佩玉之風盛行，並對後世產生了深遠的影響。

（三）荷包

荷包的前身叫「荷囊」。荷者，負荷；囊者，袋也。所謂「荷囊」，即用來盛放零星細物的小袋。因古人衣服沒有口袋，一些必須隨身攜帶的物品（如毛巾、印章及錢幣等），只能貯放在這種袋裡。最早的荷囊，在使用時既可手提，又可肩背，所以也稱「持囊」或稱「挈囊」。以後漸漸覺得手提肩背有所不便，才將它掛在腰際，並形成一種習俗，俗謂「旁囊」。製作荷囊的材料，一般多用皮革，故又有「囊」之稱。如新疆鄯善蘇巴什古墓出土的一件，以羊皮為之，呈長方形，長六點七釐米，寬三點

七釐米，在口部有一拴繫的皮帶，以備掛佩。現存最早的囊實物，是春秋戰國時期的遺物。

漢代以後沿襲其俗，《北堂書鈔》卷一三六引《曹瞞傳》：「（曹）操性佻易，自佩小囊，以盛毛巾細物。」《晉書·鄧攸傳》也記載：鄧攸夢行水邊，見一女子，猛獸自後斷其盤囊。由此可見，魏晉時期不論男女，身邊都佩有囊。在囊上飾有獸頭紋樣，也稱「獸頭囊」。這種飾有獸頭紋樣的囊形象，在山東沂南一漢墓畫像石上還可以看到：中室北壁的東段，畫分上下兩格，皆刻人物故事。下格中的兩人皆戴著布紋的帽子，用帶結於頭後，衣袖皆卷起，腰束帶。其中左邊一人加束革帶，從右腰革帶垂下一虎頭紋佩囊，佩囊比較大，做工也精緻，還繡有花邊。中室北壁西段的上格亦畫有相同的一荷包，不同的是人物佩帶的方向不一樣，是從左腰革帶垂下一虎頭紋佩囊。

至南北朝時，佩囊制度正式確立，人們所佩的囊，並非全用皮製，也有用絲織物做成的，但仍然沿用囊的名稱。《隋書·禮儀志六》：「鞶囊，二品以上金縷，三品金銀縷，四品銀縷，五品、六品彩縷，七、八、九品彩縷，獸爪。官無印綬者，並不合佩鞶囊及爪。」至隋代則專施於良娣以下命婦，以別嬪妃的獸頭鞶。《隋書·禮儀志七》：「良娣，鞠衣之服，銀印珪鈕，文如其職。佩采瓊玉，青綬，八十首，長一丈六尺，獸爪鞶囊。餘同世婦。保林、八子，展衣之服，銅印環鈕，文如其職。佩水蒼玉，艾綬……獸頭鞶囊。」獸爪囊，囊之一種，簡稱「獸爪」或「爪」，是織有獸爪紋樣的小型佩囊，北朝官吏常佩於腰際以盛印綬。

　　唐代許多少數民族都有佩帶荷囊的習俗，如敦煌壁畫中唐第一五八窟的《各國王子舉哀圖》中，便能清楚地看到有兩個少數民族人物的腰上掛有荷囊，而且所製作的荷囊都很有特色。如第一排中的單腿跪地、正作割鼻狀者，其左腰上掛一心形荷包，看上去就像是一朵雲彩。第二排中雙手用刀插胸者的左腰上掛一花腰形荷包，顏色為白底湖藍色邊。這兩個荷包看上去都非常精緻，做工非常考究。唐代畫家閻立本《步輦圖》中的吐蕃使者身上所佩帶的荷囊，也反映了當時的習俗。

　　據考，唐宋時期作為飾物隨身帶的「魚袋」、「龜袋」還多是盛物的口袋。荷包成為珍貴佩飾物當緣始於唐代。唐封演《封氏聞見記·降誕》：「玄宗開元十七年，丞相張說遂奏以八月五日為千秋節，百僚有獻承露囊者。」杜牧《過勤政樓》詩：「千秋令節名空在，承露絲囊世已無。」承露囊，即荷包，由眼明囊演變而來（眼明囊之俗：古俗農曆八月初一凌晨，婦女以彩帛之囊盛裝樹木花草上的露水，相傳以此洗眼，能使人一年之內保持目明）。百官獻囊名曰「承露囊」，隱喻為沐浴皇恩。民間仿製為節日禮品相餽贈，用作佩飾，男女常佩於腰間以盛雜物。

　　「荷包」這一名稱，出現在宋代以後。《通俗編·服飾》說：「《能改齋漫錄》載劉偉明詩『西清直寓荷為橐』，歐陽修啟以『紫荷垂橐』對『紅藥翻階』，皆讀之為芰荷之荷。今名小夾囊曰荷包，亦得綴袍外以見尊上，或者即因於紫荷？」這是將宋代紫荷疑為荷包。袁枚《隨園隨筆》下有「紫荷非荷包」辨其非。在元雜劇及明清筆記小說中常見有這種提法。所謂荷包，實際上就是以前的荷囊、旁囊及囊。清汪汲《事物原會》記稱：「晉《輿

服志》：文武皆有囊綴綬，八座尚書則荷紫，乃負荷之荷，非荷藥也。今謂囊曰荷包本此。」

荷包在明清時，也叫「茄袋」、「順袋」。《金瓶梅》第三回：西門慶「便向茄袋裡取出（銀子）來，約有一兩一塊，遞於王婆子，交備辦酒食」。這是按宋朝人的稱法。《宋史·輿服志》謂金主法物有玉帶及皮茄袋。《歧路燈》第二十四回：「紹聞從順袋掏出一封書子，遞於夏逢若。」

江西境內的客家人也有繡荷包和佩戴荷包的習俗，江西東南廣昌就流傳有客家民歌《十繡荷包》：「紅繡荷包綠繡沿，妞妞相好幾多年，頭髮呀格齊眉像合起，幾多個恩情在你心裡邊……」通過繡荷包佩戴荷包表達出男女青年對美好愛情的嚮往之情。

荷色外表繡滿吉祥紋樣。有大量的客家山歌對荷包紋樣進行了描摹，如興國山歌《繡香包》：

　　一繡香包正起頭，十人見了九人謀；香包繡得銅錢大，百般花朵在上頭。

　　二繡香包正剪樣，花朵想爛妹心腸；郎要麒麟對獅子，姐要金雞對鳳凰。

　　三繡香包費思量，三兩絲線四兩香；千兩黃金□唔賣，一心繡起送情郎。

　　四繡香包四四方，燈盞火下繡鴛鴦；鴛鴦繡得成雙對，鴛鴦成對姐成雙。

　　五繡香包繡五龍，五龍繡在香包中；郎吊香包江中走，

香包下水會成龍。

六繡香包繡七星，繡起天上七姑星；七姑星來七姐妹，七姐下凡配董永。

八繡香包綻毫光，繡隻鯉魚出長江；繡條大路通南海，繡條小路通妹房。

九繡香包繡十般，繡起文官對武官；文武官員作陪襯，繡口情郎坐中間。

十一繡香包一整冬，幾多心事在妹胸；心中想起香包事，情哥夜夜在夢中。

十二繡香包整一年，繡起香包郎過年；繡起香包情哥帶，榮華富貴萬萬年。[124]

再如尋烏一帶婦女戴戒指的習俗：

尋烏的婦女們……不論工農商賈，不論貧富，一律戴起頭上和手上的裝飾品，除大地主女有金首飾外，一概是銀子的。每個女人都有插頭髮銀簪子和銀耳環子。這兩樣無論怎麼窮的女子都是要的。手釧和戒指也是稍微有碗飯吃的女人就有。銀也是個名，實際是洋鐵皮上面涂一點銀，有些是銅

---

[124] 姚榮滔主編：《興國山歌》，中國文聯出版社 2006 年版，第 145-147 頁。

上塗一點銀。[125]

客家山歌《錫打戒指包哩金》唱道：

　　錫打戒指包哩金，送到阿妹手掌心；
　　人人都話金打個，久後正知錫在心。[126]

第四節 ▶ 修飾與形塑

一、修飾身體

　　據史料記載，上古三代時期，有「禹選粉」、「紂燒鉛錫做粉」、「周文王敷粉以飾面」。據後唐人馬縞在《中華古今注》中考證「自三代以鉛為粉。秦穆公女弄玉，有容德，感仙人簫史，為燒水銀作粉與塗，亦名『飛雪丹』。」弄玉和簫史都是傳說中的人物，還有堯舜時代也頗帶傳奇色彩，誰也不知道他們到底用什麼去修飾面容，可是可以證明上古帝王開始已經注意美容之術了。

125 毛澤東：《尋烏調查》，中共中央文獻研究室編：《毛澤東文集》第 1 卷，人民出版社 1993 年版。

126 江城、師丹編著：《客家情歌》，上海文化出版社 1955 年版，第 13 頁。

（一）畫眉

眉毛是化妝的提神部位，古代女子十分重視畫眉，並把它視為整個面妝中的點睛之筆。畫眉是中國最流行、最常見的一種化妝方法。據說畫眉之風起於戰國時期。在還沒有特定的畫眉材料之前，婦女用柳枝燒焦後塗在眉毛上，古代婦女畫眉所用的材料，隨著時代的發展而變化。

從文獻記載來看，最早的畫眉材料是黛，黛是一種黑色礦物，也稱「石黛」。描畫前必須先將石黛放在石硯上磨碾，使之成為粉末，然後加水調和。磨石黛的石硯在漢墓裡多有發現，說明這種化妝品在漢代就已經在使用了。除了石黛，還有銅黛、青雀頭黛和螺子黛。銅黛是一種銅鏽狀的化學物質。青雀頭黛是一種深灰色的畫眉材料，在南北朝時由西域傳入。螺子黛則是隋唐時代婦女的畫眉材料，出產於波斯國，它是一種經過加工製造，已經成為各種規定形狀的黛塊。使用時只用蘸水即可，無需研磨，因為它的模樣及製作過程和書畫用的墨錠相似，所以也被稱為「石墨」，或稱「畫眉墨」。到了宋代，畫眉墨的使用更加廣泛，婦女們已經很少再使用石黛。關於畫眉墨的製作方法，宋人筆記中也有敘述，例如《事林廣記》中說：「真麻油一盞，多著燈芯搓緊，將油盞置器水中焚之，覆以小器，令煙凝上，隨得掃下。預於三日前，用腦麝別浸少油，傾入煙內和調勻，其墨可逾漆。一法旋剪麻油燈花，用尤佳。」這種煙熏的畫眉材料，到了宋末元初，則被美其名曰「畫眉集香圓」。元代之後，宮廷女子的畫眉之黛，全部選用京西門頭溝齋堂特產的眉石，至明清也如

此。到了二十世紀二〇年代初，隨著西洋文化的東漸，中國婦女的化妝品也發生了一系列的變化。畫眉材料，尤其是桿狀的眉筆和經過化學調制的黑色油脂，由於使用簡便又便於攜帶，一直沿用到今天。[127]

屈原在《楚辭・大招》中記：「粉白黛黑，施芳澤只。」這裡「黛黑」是因當時用的顏料為黛、煙黑和木炭等而流傳下來的，指的就是用黑色畫眉。《事物紀原》中有「秦始皇宮中悉紅妝翠眉」之事。秦時已有人用修眉毛，臉上塗紅來化妝與美容了。漢朝時，婦女很盛行剃去眉毛，代之以畫眉的化妝方法。[128]漢魏六朝時期，以黛畫眉相當普遍。主要以又細又長為美。有名叫張敞的男子在當時是為妻子畫眉的出名高手。漢代劉熙所著《釋名》中說：「黛，代也；滅眉毛去之，以此畫代其處也。」有一本《酉陽雜俎》的書上記載了這樣一件事：房孺復的妻子崔氏，忌妒心理極強，對婢女們非常苛刻，恐怕她們比自己漂亮，每月只給畫妝品胭脂一豆，粉一錢。有一次家裡新來一個丫頭，打扮得比較漂亮，崔氏忌妒性大發，她假惺惺地說：「我幫你再好好打扮一下。」於是「刻其眉，以青填之；燒鑷梁；灼其兩眼角，皮隨手焦卷，以朱傅之。及痂脫，瘢如妝焉。」

漢代大美人王昭君常常通過畫眉來調解心態，而且她也會使

127 傅靜儀編著：《實用古代美容術》，金盾出版社 2009 年版，第 22 頁。
128 （德）尚鳳著：《美人「計」：中國古代王妃美容秘訣》，李馳譯，國際文化出版社 2007 年版，第 48 頁。

用胭脂。《西京雜記》中寫道:「司馬相如妻文君,眉色如望遠山,時人效畫遠山眉。」這是說把眉毛畫成長長彎彎青青的,像遠山一樣秀麗。後來又發展成用翠綠色畫眉,且在宮廷中也很流行,因此昭君也很早就學會了畫眉的方法並得以使用。

隋代女子喜歡濃眉重畫。據說隋煬帝當年下江南時,水手中有一名叫關絳仙的女子,肌膚滑潤面似桃花,兩道重重的粗眉如蠶似蟲,煬帝見之,愛不能釋。回到宮中後開始被廣泛模仿,甚至成為一代女子的流行面飾。

明人有《霏雪錄》,曾談到唐代好闊眉的現象:「唐時婦女畫眉尚闊,故老杜《北征》云:『狼藉畫眉闊』……余記張司業《倡女詞》有『輕鬢叢梳闊掃眉』之句,蓋當時所尚如此。」唐人畫眉尚闊,如今已是世所公認。唐代的闊眉形式多樣,一種是粗蛾鬚狀,眉頭緊連,尖頭秀尾,配以細長的雙目,別有一番風味;另一種是分梢眉,眉頭尖細,愈往後愈寬,整個眉形上挑,至尾處分為兩端,上端呈柳葉眉狀,這實際也是自然眉形的一種。有些女性的眉毛生得多而散,眉尾處聚生成一圓潤的向上翹的眉尖尖,茸茸可愛。第三種是被稱為「桂葉眉」的短尖闊眉,它有兩種基本的形狀,一種是眉尾向上的,稱「飛蛾眉」、「蛾翅眉」;另一種眉尾向下,略呈倒八字形,稱「倒暈眉」。唐代婦女喜長闊短眉,與她們的體型、面型有關。唐代是個富庶的社會,婦女一般均體形富態,臉面寬大,故以闊眉配之,而短而尖的眉形,可以讓人顯得活潑俏皮,比較年輕。據《唐書‧車服志》記載,朝廷禁「高髻險妝,去眉開額,及吳越高頭草履」。詔下,人多怨者,京兆尹杜惊條易行者為寬限,而事遂不行。可

見，唐時在去眉時，亦行開額，即婦女前額不夠開闊者，拔去額髮，因拔髮之處頭髮青色，故以白粉敷塗妝額，稱「開額」。此風後來傳入日本，大行於世。有開闊的前額，再畫上挑下豎的短眉，自然也就不會再生局促之感。唐代婦女這一特殊的眉式，成為她們有別於後世的面容特徵。[129]

長闊眉多見於初唐，而短闊眉則多見於盛唐。到了盛唐時期，流行把眉毛畫得闊而短，形如桂葉或蛾翅。到了唐玄宗時畫眉的形式更是多姿多彩，名見經傳的就有十種眉：鴛鴦眉、小山眉、五眉、三峰眉、垂珠眉、月眉、分梢眉、涵煙眉、拂煙眉、倒暈眉。光是眉毛就有這麼多畫法，可見古人愛美之心的濃厚。唐人李長吉有詩句云，「新桂如蛾眉，秋風吹小綠」，把俏皮逗人的桂葉眉之小巧可愛擬狀得十分形象。玄宗時，曾有一位極受寵的妃子曰梅妃，後因受楊玉環排斥，遷往冷宮，她也是描桂葉蛾眉的。唐玄宗曾賜珍珠給梅妃，梅妃回詩云：「桂葉雙眉久不描，殘妝和淚污紅綃。長門盡日無梳洗，何必珍珠慰寂寥。」[130]宋明時期，盛裝時代已經過去，代之以柳眉、杏眼、櫻桃口為基本面飾的化妝，面頰略施薄粉淡塗胭脂，追求回歸自然美。宋代時畫眉式樣繁多，僅在西蜀地區就有十種畫眉方法，蘇東坡在詩

129 范紅梅、溫蘭：《淺談中國古代女性眉妝的流變》，《丹東師專學報》
2002 年增刊。

130 范紅梅、溫蘭：《淺談中國古代女性眉妝的流變》，《丹東師專學報》
2002 年增刊。

中曾點出過「橫煙」、「卻月」、「倒暈」三種眉的名字。[131]

　　舊時，受封建禮教束縛，婦女不尚張揚，多不化妝。只有極少數官宦富豪人家的女子才略敷鉛粉，塗抹胭脂，畫黛眉。女孩出嫁時。一般要捻去臉上的汗毛，使臉上皮膚顯得更為光潔靚麗。民國時期，知識界和工兩界的婦女較注重梳妝打扮，以保持其美好的形象。中華人民共和國成立之初，崇尚儉樸作風，用化妝品的極少。後來才逐漸出現「凡士林」、「百雀羚」等冬天護膚品，以防皮膚乾裂。二十世紀八〇年代後，人們越來越注重儀表，各種各樣的化妝品先後出現，群眾普遍使用。九〇年代，商店裡的各式化妝品是琳琅滿目，品牌繁多，令人目不暇接。如養髮護髮的，有各類洗髮水、護髮素、摩絲、啫喱水。護膚品更是種類齊全、品種繁多，如潔面乳、洗面奶、潤膚露、滋潤霜、防曬霜等。各式的口紅絢麗多彩。近年來，許多大商場都有不同品牌的系列化妝品專櫃。城鎮職業女性大多是早化妝，晚卸妝。盛裝出席正式場合是出於對他人的尊重。

（二）描唇

　　「中國的石榴嬌」這話大約會使人想到妝唇的紅色，其實不然，它是中國古代女性描唇的一種形式。與眉妝同樣，唇妝也有它繁複的花式，這在世界化妝史上，也是獨具中國特色的口紅文

131　高毛偉：《淺談古代美女面容妝術》，轉引自傅靜儀編著《實用古代美容術》，金盾出版社 2009 年版，第 23 頁。

化現象。

　　1. 紅脂與口脂。古代稱口紅為口脂、唇脂。口脂朱赤色，塗在嘴唇上，可以增加口唇的鮮豔，給人健康、年輕、充滿活力的印象，所以自古以來就受到女性的喜愛。這種喜愛的程度可以從《唐書・百官志》中看到，「臘日獻口脂、面脂、頭膏及衣香囊，賜北門學士，口脂盛以碧縷牙筒」。這裡寫到用雕花象牙筒來盛口脂，可見口脂在當時的珍貴程度。

　　妝唇以紅，在中國起源亦早，楚宋玉的名篇《神女賦》中就有「眉聯娟以娥揚兮，朱唇的若其丹」。「丹」即朱砂，它是古代婦女妝唇所用紅脂的主要原料，「朱」的色彩為「紅」，故古人常稱女性的口唇為「朱唇」。《釋名》定義曰：「唇脂以丹作之，像唇赤也。」以朱砂研磨後得出的紅色顏料可以飾頰，人們又將顏料拌入動物的油脂，使之凝結成脂類物，既滋潤口唇，又增添紅色，且不易脫落，深受先秦至漢時期婦女的歡迎。一九四九年，湖南長沙市郊陳家大山楚墓出土了一幅古帛畫，據測此畫約距今二三〇〇餘年，畫中的女性口唇均飾朱色，則妝唇習俗，早在戰國時期，已在中國的黃河流域出現了。在江蘇揚州、湖南長沙的西漢墓中，甚至還發現了保存完好、存放在漆匣中的朱砂唇脂實物，可見唇脂受重視的程度。在文獻的記載中，它常與傅面之粉、描眉之黛、沐髮之澤並列而稱。《淮南子・修務》曰：「不待脂粉芳澤，而性可說者，西施陽文也。」《韓非子・顯學》亦云：「故善毛嬙、西施之美，無益吾面，用脂澤粉黛，則倍其初。」皆是例證。

　　中國古代的口紅，製作得很精細。北魏賈思勰在《齊民要

術》中曾經記載過當時的製作工藝，即先製香酒，以丁香、藿香兩種香料，揀上好的裹入新收的、無雜質的潔淨棉花中，然後投入事先已燒至微燙的酒中，以熱酒吸收棉中的香料之味。吸收的時間為夏日一天一夜，春、秋兩季為兩天兩夜，冬季為三天三夜。浸透到期後，取出棉花和香料，將牛油或牛髓放入此香酒，旺火大燒，滾沸一次加一次牛油脂，數滾之後，撤火微煎，此時慢慢摻入以朱砂研取的紅色顏料，並以青油調入，攪拌均勻，滅火後，待其自然冷卻，凝成的紅脂細膩鮮豔，香氣蘊藉，即為婦女喜愛的飾唇用品了。

　　古代的唇脂除紅脂外，還有男用口脂。男用口脂僅以潤唇護膚而不著色。古時帝京繁華之地，全在西北黃河流域，那裡氣候乾燥，風塵漫天，至冬季則北風尤裂人肌膚。因此，唐時一到冬季，便由朝廷有關部門製作護膚用品，供應內廷所需之外，也分發百官。宋代皇帝甚至有自製護膚品的，如龔元英所著《文昌雜錄》：「禮部王員外言，今謂面油玉龍膏，太宗皇帝始合此藥，以白玉碾龍盒子貯之，因以名焉。」

　　口脂有盛於器皿中的，也有做成條狀的。大致是先秦至漢唐以前，多以盒貯，口脂呈黏稠狀，用時蘸取少許以妝唇；唐時開始出現頗類現代棒式口紅的條狀紅脂。晚唐的《鶯鶯傳》裡，就有張生贈鶯鶯口脂的記載：「捧覽來詞，撫愛過深。兒女之情，悲喜交集。兼惠花勝一合，口脂五寸，致耀首膏之飾。」「口脂五寸」，將唇脂的條狀寫得十分明白。

　　紅脂的原料在漢代以後，北地的紅藍花在內地得到廣泛的種植，便取代了朱砂，原因是紅藍花汁色鮮，質地均勻細致，不似

朱砂總帶著粉粒，而且附著力強，不會輕易褪色。唐「元和末，婦人為圓鬟椎髻，不設鬢飾，不施朱粉，惟以烏膏注唇，狀似悲啼者。圓鬟者，上不自樹也；悲啼者，憂恤象也。」[132]明人的《正字通》云：「燕脂，以紅藍花汁凝脂為之……後人用為口脂。」清時統稱為胭脂，既抹唇又妝臉。《紅樓夢》第四十四回裡，寶玉拿出一個盛了上好胭脂的白玉盒子，給平兒妝唇，就是一個明顯的例子。

2. 花式唇妝。南梁沈約在《少年新婚為之詠》中寫道：「托意眉間黛，中心口上朱」，形象地描繪了妝飾在婦女社會生活中的特殊作用。

在中國古代，如果一個女子的面目五官具備以下條件之一，細彎的柳葉眉、圓圓的杏仁眼、小巧的櫻桃嘴，便可入美人行列。唐代兩位女子樊素和小蠻分別因嘴小和腰細而得到著名詩人白居易的贊賞，為她倆寫下了「櫻桃樊素口，楊柳小蠻腰」的風流名句。

唐時唇脂和白粉都已有相當的製作水平，女性們創造出各式不同的口型。宋人《清異錄》有言：「（唐）僖、昭時，都下競事妝唇，婦女以此分妍否，其點注之工，名色差繁。」唐時婦女又喜用檀色（即淺絳色）點唇，如敦煌曲子《柳青娘》句有「故著胭脂輕輕染，淡施檀色注歌唇」，秦觀的《南歌子》句：「揉藍衫子杏黃裙，獨倚玉闌，無語點檀唇。」從現存唐代的一

第五章‧服飾民俗

些出土文物中，可以略見當時的口妝樣式，新疆吐魯番阿斯塔那墓出土的女性泥俑，其唇被畫成顫悠悠的花朵狀，上下兩唇均為鞍形，如四片花瓣；兩邊略描紅角，望之極有動感，鮮潤可愛。唐代的敦煌壁畫《樂庭環夫人行香圖》中的女性，有的將唇畫成上下兩片小月芽形，有的畫成上下兩片半圓，有的則加強嘴角唇線效果，使整個唇形呈菱角狀。

唐代的唇妝及其審美標準，對後世的影響很大。如小巧的櫻桃嘴一直成為女子妝唇的追求效果和目標，直至清代「櫻桃小口一點點」的唇形仍為盛行時尚。在化妝技巧上，唐以後也有一些改變。如明代的口妝修飾精巧，紅唇一朵，優美自然。清代用兩種紅色妝唇，在淺紅色描完了唇形後，又用深紅在上唇點兩點、下唇點一點，使紅唇有一種噘起如花蕾的俏皮感覺。

中國自古以來，無論口妝式樣有多少變化，總是崇尚「櫻桃小嘴」，總的趨向是改大嘴為小嘴，雖不喜厚唇，但也鄙薄唇，以豐滿適度為美。[133]

二、形塑身體

（一）裹小腳

人們往往稱古時纏足婦女的小腳為「三寸金蓮」。關於「金蓮」的來源，有一段這樣的故事：南北朝時期的南齊帝國，出了

---

[133] 林格編著：《唇之豔》，金城出版社 2000 年版，第 39-40 頁。

一位叫蕭寶卷的昏君。他對於纏足有特別的偏愛，為此，他下令徵收民間的黃金，做成蓮花貼在地面上，讓寵姬潘貴妃在上面行走，然後將此情景稱之為「步步生蓮」。

《南史》齊東昏侯為潘貴妃鑿金為蓮花以貼地，令妃行其上。曰：「此步步生蓮花。」

從此以後。凡是女人走路姿勢優美，就會被稱為「輕移蓮步」，而纏了足的小腳則被稱為「三寸金蓮」。

女人纏足現象始於何時已不得而知，現存歷史文獻中最早記載產生於南唐時期。據元人陶宗儀引《道山新聞》的記載，其風源自李後主對宮嬪窅娘纖足蓮舞的欣賞：

《道山新聞》云：李後主宮嬪窅娘，纖麗善舞。後主作金蓮，高六尺，飾以寶物細帶瓔珞，蓮中作品色瑞蓮。令窅娘以帛繞腳，令纖小，屈上作新月狀。素襪舞為雲中，回旋有凌雲之態。唐鎬詩曰：「蓮中花更好，雲裏月長新。」因窅娘作也。由是人皆效立，以纖弓為妙。[134]

唐末至五代時期對女性的審美觀念和審美情趣發生了變化。

134 （元）陶宗儀：《南村輟耕錄》卷十《纏足》，中華書局 2004 年版，第 127 頁。

由提倡豐腴健碩之美到喜愛纖細孱弱之美。在此情形下，女子纏足現象出現。從春秋至兩漢的詩文中，僅見於對女人走路姿態的描述，而不見專門對女人的腳的記載。魏晉六朝時，出現了直接描寫女人腳的文字。到了唐後期，女子纏足之風開始流行於宮廷。如白居易在《上陽白髮人》中寫道：「小頭鞋履窄衣裳……天寶末年時世妝」；杜牧《詠襪詩》中記載：「鈿尺裁量減四分，纖纖玉筍裹春雲。五陵年少欺他醉，笑把花前出畫裙」等等，都表明當時女子纏足為上層社會所認可和贊美。

宋代以後，女子纏足之風開始推廣，逐漸彌漫於全社會，被下層民眾所仿效，成為一種社會風尚。「理宗朝，宮妃束腳纖直，名『快上馬』。」[135]《南村輟耕錄》云：「婦人之纏足，起於近世。」又云：「裹腳自五代而來方為之，如熙寧、元豐以前人，猶為者少。近年則人人相效，以不為者為恥也。」[136]文人詠纏足的詩詞大量湧現。如蘇軾《菩薩蠻·詠足》云：「塗香莫惜蓮承步，長愁羅襪凌波去。只見舞回風，卻無行處蹤，偷穿宮樣穩，並立雙趺困，纖妙說應難，須從掌上看」；秦觀《浣溪沙》五首之一云：「腳上鞋兒四寸羅，唇邊朱粉一櫻多。見人無語但回波，料得有心憐宋玉。只應無奈楚襄何，今生有分共伊麼？」等等。

到了元朝，這種情況繼續發展。「吾聞聖人立女而使之不輕

135　《宋史》卷六十五，志第十八《五行志三·木》。

136　（元）陶宗儀：《南村輟耕錄》卷十《纏足》，第127頁。

舉也，是以裹其足，故所居不過閨閣之內，欲出則有幃車之載，是以無事於足也。」**137**由此可知元代已視婦女裹足為聖賢經傳不可移易的信條了。「伊川六代孫淮，咸淳間為安慶倅。明道年五十四卒，二子相繼早逝，無後。淮之族尚蕃衍，居池陽。婦人不纏足，不貫耳，至今守之。」**138**由於當時女子纏足已成風俗，而伊川族中婦女不肯隨俗，白珽就要加以特別記載了。

明清時期，特別是晚清時期，以女子小腳為美的畸形女性美觀念已彌漫於全社會。小腳已成為男性眼中標準美人的主要條件，甚至是唯一條件。明朝，女子纏足之風更盛，都認為這是時髦的表現，坊曲中的妓女無不以小足為獻媚男子之具。《板橋雜記》曾記載一些妓女之足：如顧媚弓彎纖小，腰肢輕亞；張元在少年場中，纖腰踽步，亦自楚楚，人稱為張小腳；顧喜，跌不纖妍，人稱為顧大腳等等**139**。女子腳的大小甚至直接影響到她的婚姻、夫妻關係和家庭關係，乃至鄰里關係。大腳女子無論長得多漂亮，也要遭到人們的嘲笑。

清軍入主中原後，曾三令五申，嚴禁纏足之習，但是卻受到漢人的堅決抵制，使得禁令形同虛設，女子纏足之風依舊盛行。不僅如此，纏足之習也在滿族婦女中流行，傳承數百年。期間盡

---

137 （元）伊世珍：《琅環記》，轉引自盧玲《屈辱與風流 —— 圖說中國女性》，團結出版社 2000 年版，第 22 頁。

138 （元）白珽：《湛淵靜語》卷一，中華書局 1985 年版。

139 （清）余懷：《板橋雜記》中卷《麗品》，劉如溪點評，青島出版社 2002 年版，第 37-69 頁。

管有人呼籲、提倡女子放棄纏足之習，如道光時期龔自珍提倡婦女天足等，但在當時並不為民眾所接受。

自鴉片戰爭以後，隨著西方殖民主義勢力的侵入，男女平等觀念傳入中國。它與中國固有的同情婦女的思想相融合，在戊戌維新運動中形成了興女學、不纏足運動，從此，新的女性道德美、形體美觀念及實踐在與舊道德、舊美女觀的不斷鬥爭中形成並發展起來。**[140]**

江西在女子纏足上的態度雖然也受到整個社會風氣的影響，但是仍有自己的不同之處，崇義縣志記載：「明朝時⋯⋯適應山區道路特點，縣民素無纏小足的陋習。」**[141]**

從流傳於各地的有關小腳的民謠中，可以看出以小腳為美的普遍心態。「小紅鞋兒二寸八，上頭繡著喇叭花。等我到了家，告訴我爹媽，就是典了房子出了地，也要娶來她。」

傳統社會盛行纏足之風，江西地區客家婦女則流行不纏足習俗。客家婦女不纏足，也不事化妝，她們還以「天足」為自豪。《清稗類鈔》中說：「客家婦女向不纏足，身體碩健，而運動自如，且無施脂粉及插花朵者。日出而作，日落而息。」羅香林先生也曾說過：「客家婦女，表面上勞苦極了，然其內在的精神，確比其他婦女尊貴得多、幸福得多。她們從沒有塗脂畫眉纏足束

140　路英：《紅豔一枝露凝香：古典美女養顏妝容術》，中國友誼出版社2007年版，第 35 頁。

141　《崇義縣志》第六編《社會》第三章《風俗習慣》第二節，生活習俗・服飾，海南人民出版社 1989 年版。

胸以取悅男子。在人口千萬以上的漢族諸民系中，唯一沒有染上
纏足陋習的，就是客家了。」[142]其實，前面我們已經談到，客家
地區禮制的鬆弛，男女間封建禮教較之中原地區寬鬆，這也是客
家婦女不纏足的重要原因。

（二）留辮子

　　「女子纏足」與「男子留辮」曾是舊中國的兩大景觀。中國
古代素有身體髮膚受之父母，不能輕易毀傷的說法。先民對頭髮
重視程度極高，《孝經》有云：「身體髮膚，受之父母，不敢毀
傷，孝之始也。」將愛護頭髮與孝道聯繫起來，作為道德規範的
基准，從而顯得非常鄭重嚴肅。孔子以「被（披）髮左衽」（《論
語‧憲問》）來指代文化的喪亡，將髮式的更改與亡國聯繫起
來，髮式的選擇被提到政治的高度。對古人而言，衣冠髮式之選
擇關乎江山社稷，絕非像今人之隨心所欲。

　　從商代出土的玉人像辮髮局部（河南安陽殷墟婦好墓出土的
玉人）可以看出商代的髮式以梳辮髮為主。從形象資料來看，這
個時期的男子辮髮樣式較多，有總髮至頂，編成一個辮子，垂至
腦後的；有左右兩側梳辮，辮梢卷曲，下垂至肩的；有將髮編成
辮子盤繞於頂的；等等。

　　在「大一統」原則指導下，國人髮式求同而伐異，且歷代相

---

142 郭義山、張龍泉主編：《閩西掌故》，福建人民出版社 2002 年版，第
　　　218 頁。

承，一以貫之。他們把頭髮綰成髮髻，盤在頭頂，上插一根細柄加以固定，稱之為簪。唐代大詩人杜甫在其名篇《春望》中有「白頭搔更短，渾欲不勝簪」的詩句，說明杜老夫子至暮年仍須像當今不少女人一樣梳洗打扮。正因有此習俗，所以古人發明有髡刑，即剃掉頭髮，作為對罪人的懲罰，受刑之人頗有受辱之感。歷代祖先就這樣惜髮如命，代代相傳。

　　明朝末年，政治腐敗，天災連年，人民不堪其苦，紛紛揭竿而起。而此時曾滅亡北宋、建立金朝的女真人的後裔也已悄然興起於中國東北地區，他們於一六三五年改稱「滿洲」，即當今之滿族，接著改國號為大清。由於其特殊的地理環境和生活方式，使之形成了與中原完全不同的髮式，概括言之，即「半剃半留」或「剃髮垂辮」。

　　他們在額角兩端引一條直線，將直線以前的頭髮盡行剃去，只留顱後頭髮，編結成辮，滿語稱作 sonchoho，垂於腦後。此俗承自其先民 。據史書記載，人「俗編髮」，而至女真人則「辮髮垂肩」、「垂金環，留顱後髮，繫以色絲」（《大金國志》）。據專家分析，此種髮式便於騎射。前部不留髮，以免騎馬馳騁時散髮遮住視線；而顱後留一條粗大的髮辮，在露宿時可充作枕頭，借以安眠。另外，滿族及其先民信奉的薩滿教認為，髮辮生於人體頂部，與天穹最為接近，乃人的靈魂之所在，故而髮辮備受其族人珍視。為國捐軀的將士，若其骨殖無法運回故土，則須將髮辮帶回，亦可算是魂歸故里。由此看來，滿人對其髮式的重視不亞於漢人，只是形式不同而已。

　　隨著滿族勢力的擴展及至建立大清政權，在全國逐步開展了

「剃髮留辮」運動，各地民眾的髮式出現了變化。一六四四年清兵揮師入關，進駐京師，建立大清政權。在此之前，滿族統治者對在關外被征服的漢人一律強令改變髮式，更換服裝。對歸降的明廷將士，也必須剃髮易服，作為臣服的標誌。引清兵入關的明山海關總兵吳三桂即是入清營拜見清攝政王多爾袞後，「毅然」剃髮易服，以示降清的。

清兵入關伊始，便頒發「剃髮令」，由於引起漢人群起反抗，不得不暫緩施行。但至翌年，清政府再度頒行「剃髮令」，下令「叫官民盡皆剃頭」，否則「殺無赦」，甚至「一個不剃全家斬，一家不剃全村斬」。當時傳有「留髮不留頭，留頭不留髮」之謠，剃髮留辮成為認同滿族貴族統治的重要標誌。這場運動的推行，最初受到漢族民眾的激烈反抗，一些民眾為此捨棄生命，還有一些民眾遠避深山，或身厝窯洞，或棲身道觀，甚至遁入空門，帶髮修行。在清政府的強制推行下，從此中國男人髮式不變，「留辮子」習俗盛行。

太平天國起義爆發後，起義軍曾進行了蓄髮行為，以示對清政府的反抗。辛亥革命以後，各地民眾特別是漢族民眾開始紛紛剪髮辮，其中既有向西方社會風俗靠攏的含義，也有表示與清政府決裂的意義，成為近代習俗改革中最具革命性的行動。

就滿族民眾而言，辛亥革命時剪辮者亦為數不少，但也有一些民眾如舊官僚等繼續留有髮辮，特別是舊軍閥、人稱「辮帥」的張勳，強令其屬下不許剪辮，以示效忠清廷，人稱其部眾為「辮子軍」。一九一七年，張勳率軍入京，擁廢帝溥儀復位，盡行恢復清代衣冠髮辮之習。因頭髮長至編辮誠須時日，留辮又成

燃眉之急，致使假辮頭套生意十分興隆。但張勳復辟僅十二天便宣告失敗，「留辮」之令因而中止。後來連溥儀也「違反祖制」剪去長辮，從此滿族的「留辮」之習改變，民眾的髮式習俗出現變化。[143]

清代至民國的江西，在髮式方面基本上受社會整體風氣的影響。

（安義）士民服飾，在昔束髮裹中，峨冠博帶。自滿清入主中夏，變異漢族髮辮，胡服垂二百餘年。民國紀元始，將髮辮剪除，唯國家對服裝禮制迄未規定，以致中裝西服，光怪陸離，殊欠雅觀。[144]

（安遠）清代，男人蓄髮結長辮，女人梳髮髻。民國期間，男性老人留短髮蓄鬍鬚，青壯年人剃光頭或理西裝頭。[145]

（信豐）男子自辛亥革命提倡剪辮後，老人留短髮，有的蓄鬚；青年人多剃光頭，少數知識分子和商人剪西裝頭、平頭、陸軍頭；孩童多蓄「東洋裝」（在額頭心蓄一方盤形）。[146]

143 邱永君：《辮子的存留與朝政的嬗變──清代男子髮式漫談》，《百科知識》2000 年第 8 期。

144 民國《安義縣志》（稿本）卷二《教育志・禮俗下》。

145 《安遠縣志》第六編《社會》第一章《風俗習慣》第二節，生活習俗，新華出版社 1993 年版。

146 《信豐縣志》第六編《社會》第一章《風俗習慣》第二節，生活習

（崇義）男髮前額沿邊剃光，後腦勺拖長辮，戴瓜皮帽或棉線帽。……民國時期革除清朝服飾，男人剃光頭或留短髮，公教人員興穿中山裝，學生穿學生裝。[147]

（南康）清代，男人梳辮。辛亥革命後，提倡男人剪辮。民國間，男中青年多西裝髮，老人多光頭，小孩留披髮（即在腦心留一梳狀短髮，餘剃光），女孩剃過滿月頭後，不再理髮，蓄小辮。[148]

（贛縣）頭飾。清代，男人頭前剃光，頭後蓄髮結成單辮，戴瓜皮帽，老者戴風帽。少女結單辮，紮紅頭繩；婚後挽髻，戴網插簪。髻有圓形、船形、橢圓形等。民國時期，男人剃光頭、西裝頭；婦女剪短髮，夾髮夾。新中國成立後男子剪平頭或分頭；女人剪短髮或蓄長髮結雙辮。八〇年代，青年男女的髮型講究時髦，大包頭、燙髮相繼盛行。帽式先後風行「八角帽」、「解放軍帽」、「鴨舌帽」和各式絨線帽；婦女盛行紗巾、頭巾、圍巾。[149]

俗，江西人民出版社 1990 年版。

147 《崇義縣志》第六編《社會》第三章《風俗習慣》第二節，生活習俗‧服飾，海南人民出版社 1989 年版。

148 《南康縣志》卷二十九《風俗習慣》第二章《生活習俗》第二節，服飾，新華出版社 1993 年版。

149 《贛縣志》第三十二篇《風俗、宗教》第三章《生活習俗》第二節，服飾，新華出版社 1991 年版。

江西文庫 A0701B34

贛文化通典（民俗卷） 第二冊

主　　編	鄭克強
版權策畫	李　鋒
責任編輯	楊家瑜
發 行 人	陳滿銘
總 經 理	梁錦興
總 編 輯	陳滿銘
副總編輯	張晏瑞
編 輯 所	萬卷樓圖書股份有限公司
排　　版	菩薩蠻數位文化有限公司
印　　刷	維中科技有限公司
封面設計	菩薩蠻數位文化有限公司

出　　版　昌明文化有限公司
桃園市龜山區中原街 32 號
電話 (02)23216565
發　　行　萬卷樓圖書股份有限公司
臺北市羅斯福路二段 41 號 6 樓之 3
電話 (02)23216565
傳真 (02)23218698
電郵 SERVICE@WANJUAN.COM.TW
大陸經銷　廈門外圖臺灣書店有限公司
　　電郵 JKB188@188.COM

ISBN 978-986-496-236-5
2018 年 1 月初版
定價：新臺幣 380 元

如何購買本書：

1. 轉帳購書，請透過以下帳戶
　 合作金庫銀行 古亭分行
　 戶名：萬卷樓圖書股份有限公司
　 帳號：0877717092596

2. 網路購書，請透過萬卷樓網站
　 網址 WWW.WANJUAN.COM.TW

大量購書，請直接聯繫我們，將有專人為您
服務。客服：(02)23216565 分機 610

如有缺頁、破損或裝訂錯誤，請寄回更換

國家圖書館出版品預行編目資料

贛文化通典. 民俗卷 / 鄭克強主編. -- 初版.
-- 桃園市：昌明文化出版；臺北市：萬卷
樓發行, 2018.01
　冊；　公分
ISBN 978-986-496-236-5 (第二冊：平裝). --
1.民俗 2.江西省
672.408　　　　　　　　　　　107002014

本著作物經廈門墨客知識產權代理有限公司代理，由江西人民出版社授權萬卷樓圖書
股份有限公司出版、發行中文繁體字版版權。
本書為金門大學華語文學系產學合作成果。　　校對：邱淳榆